En forgeant les épées

LU XUN

EN FORGEANT LES ÉPÉES

Édition bilingue

extrait du recueil
HISTOIRES ANCIENNES, REVISITÉES

Traduit du chinois par Alexis Brossollet

Titre original 鑄劍
par 魯迅 (1926)

© Éditions du non-agir
Paris, janvier 2014 pour la traduction
Octobre 2014 pour l'édition bilingue
13 rue de Navarin, Paris 75009
Dépôt légal : octobre 2014

ISBN 979-10-92475-23-4

Préface

du traducteur

Présentation & mode d'emploi de l'édition bilingue
Transcription du chinois
« En forgeant les épées » : origine de la légende

L E PRÉSENT OUVRAGE constitue l'édition bilingue de l'une des huit nouvelles extraites du recueil *Histoires anciennes, revisitées* (titre chinois : 故事新编). Il s'adresse aux lecteurs ou étudiants de chinois de niveau intermédiaire désireux de se lancer dans la lecture de textes littéraires de difficulté moyenne.

Chaque double page du livre porte à gauche la version originale chinoise, et en regard à droite sa traduction française. Pour faciliter la lecture et la compréhension, sont données en notes de bas de page les prononciations et définitions d'un certain nombre de caractères ou d'expressions plus rares ainsi que des notes explicatives à caractère culturel. Le signe (…) apparaît quand, pour les besoins de mise en page en vis-à-vis des deux versions, il a fallu couper un paragraphe, une phrase ou une réplique et renvoyer sa suite deux pages plus loin.

Pour garder la cohérence dans les apprentissages, le système de transcription en caractères latins des noms chinois utilisé dans cette édition est le *pinyin*, système officiel de la République populaire de Chine, même s'il n'existait pas à l'époque où Lu Xun écrivit cette nouvelle et celles qui l'accompagnaient[*].

Vengeance ! Vengeance à la chinoise qui peut tourner à la véritable vendetta, en raison des obligations qui pèsent sur les héritiers des victimes. *En forgeant les épées* reprend ce thème cher aux auteurs chinois de romans de chevalerie, les fameux romans de *wuxia* 武侠小说, qui sont en quelque sorte aux Chinois ce que, réunis, les romans de cape et d'épée, les récits moyenâgeux, de "fantasy", les "westerns", et même les romans policiers et la science-fiction sont aux Occidentaux. À la vengeance se rajoute un autre thème fétiche, celui de l'assassinat du despote. C'est la figure de Qin Shi Huangdi, le premier véritable empereur historique, modèle absolu de l'autocrate sanguinaire, qui est le plus souvent au centre des récits décrivant les vaines tentatives d'assassins chevaleresques et de vengeurs vertueux. Deux films chinois relativement récents qui ont beaucoup fait parler d'eux en Occident, *Hero*[†] et *L'Empereur et l'Assassin*[‡], sont issus de cette fructueuse veine d'inspiration, dont la tension romanesque est due à la contradiction entre la volonté de mettre un tyran hors d'état de nuire et le besoin de sauvegarder à tout prix l'unité de la Chine, le *tianxia* 天下, ou (Pays) sous le Ciel, et sa paix – la fameuse Grande Paix, le 太平.

---

[*] En ceci l'édition bilingue diffère de la traduction dont elle est tirée, qui utilise le système de l'École française d'Extrême-Orient (EFEO).
[†] Titre anglais, conservé en France, de 英雄 *Yīngxióng*, film de Zhang Yimou, 2002.
[‡] 荆柯刺秦王 *Jīng Kē cì Qín wáng* (Jing Ke tue le Roi de Qin), film de Chen Kaige, 1998.

L'empereur Qin n'est cependant pas le seul despote de l'Antiquité chinoise, et d'autres ont eu moins de baraka que lui. Lu Xun ne précise pas dans *En forgeant les épées* qui est le Roi assassiné, mais il a reconnu s'être inspiré de bribes de légendes anciennes. *Note du traducteur : pour ceux des lecteurs qui n'apprécient pas les « spoilers », peut-être vaut-il mieux ne lire les lignes suivantes qu'après avoir terminé la nouvelle elle-même.* Dans un recueil d'anecdotes fantastiques datant du IIIe siècle[*] de notre ère figure pour la première fois la mention d'un roi qui fait assassiner son armurier, et du fils de ce dernier qui vengera plus tard son père avec le double de l'épée forgée pour le souverain. Dans ce très court texte, le tyran honni est le roi de Chu (la traduction suit la citation) :

干将莫邪为楚王作剑，三年而成。剑有雄雌，天下名器也，乃以雌剑献君，藏其雄者。谓其妻曰：'吾藏剑在南山之阴，北山之阳；松生石上，剑在其中矣。君若觉，杀我；尔生男，以告之。'及至君觉，杀干将。妻后生男，名赤鼻，告之。赤鼻斫南山之松，不得剑；忽于屋柱中得之。楚王梦一人，眉广三寸，辞欲报仇。购求甚急，乃逃朱兴山中。遇客，欲为之报；乃刓首，将以奉楚王。客令镬煮之，头三日三夜跳不烂。王往观之，客以雄剑倚拟王，王头堕镬中；客又自刎。三头悉烂，不可分别，分葬之，名曰三王冢。

---

[*] Il s'agit du 列异传 *lièyìzhuàn*, titre qu'on pourrait traduire par *Chroniques de l'étrange*, traditionnellement attribué (sans doute à tort) à Cao Pi, fils de Cao Cao fondateur de la dynastie Wei.

Gan Jiang et Mo Ye forgèrent [deux] épées pour le roi de Chu, ce qui leur prit trois années entières. Les deux épées, l'une mâle, l'autre femelle, étaient sans pareille dans le monde connu. L'épée femelle fut présentée au roi, tandis que son double mâle fut dissimulé. [Gan Jiang] dit alors à sa femme : « J'ai caché l'épée entre le versant yin du mont du Nord et le versant yang du mont du Sud, sous un pin qui pousse sur un roc. Quand le roi l'apprendra, il me fera tuer. Tu élèveras notre fils et lui raconteras cela. » Le souverain l'apprit et fit tuer Gan Jiang. Mo Ye éleva le garçon, nommé Chi Bi, et [plus tard] lui narra [toute l'histoire]. Chi Bi creusa avec une houe sous le pin du mont du Sud, mais l'épée n'y était pas ; il la trouva entre les colonnes de sa maison.

Le roi rêva d'un homme, aux sourcils écartés de trois pouces, qui voulait exercer vengeance contre lui. Il offrit une prime pour son arrestation en urgence ; Chi Bi se réfugia sur la montagne de la Lueur du Cinnabre. Il y rencontra un personnage qui lui proposa d'accomplir sa vengeance à sa place. Il se trancha alors la tête pour que l'inconnu la remette au roi. L'inconnu fit bouillir la tête dans un chaudron, mais la dépouille s'y agita pendant trois jours et trois nuits sans se décomposer. Alors que le roi regardait [dans le chaudron], l'inconnu le décapita avec l'épée mâle. La tête du roi tomba dans le chaudron ; sur quoi l'inconnu coupa sa propre tête. La chair des trois crânes disparut entièrement et il ne fut plus possible de les distinguer. On les inhuma côte à côte et on appela l'endroit « la tombe des trois rois ».

D'autres versions de cette légende indiquent en revanche que le couple d'armuriers Gan Jiang et Mo Ye sont sujets du roi Helü de Wu. Dans l'un de ces récits, Mo Ye se sacrifie en se jetant dans le four pour que les épées acquièrent leur caractère magique (mais c'est pour éviter que son mari fasse subir ce triste sort à sa propre fille pour sauver son honneur d'artisan…).

Quelles que soient l'origine et le degré de véracité historique de ces mythes, Lu Xun les détruit quelque peu en faisant de son roi un simplet et de sa cour, presque une Cour des Miracles… L'essentiel de son propos est donc dans la caricature de la tyrannie et de l'esprit de servitude auquel, au fil des siècles, s'était en grande partie réduite la morale en vigueur. Message bien différent donc de celui des deux films précités qu'en Chine comme en Occident d'aucuns accusèrent, à tort ou à raison, de se conformer à la vision idéologique du régime de Pékin.

Cette nouvelle est la seule qui, dans le recueil *Histoires anciennes, revisitées*, relève directement – malgré, ou en sus de son message très politique – du *wuxia* et, au-delà du message, on en appréciera (ou pas) les ressorts traditionnels et le traitement final « gore », plus inattendu…

En forgeant les épées

L'assassin Ching K'e tentant de tuer le Roi de Ch'in.
Relief sur pierre, dynastie des Han antérieurs

一

　　眉间尺刚和他的母亲睡下，老鼠便出来咬锅盖，使他听得发烦。他轻轻地叱了几声，最初还有些效验，后来是简直不理他了，格支格支[1]地径自咬。他又不敢大声赶，怕惊醒了白天做得劳乏，晚上一躺就睡着了的母亲。

　　许多时光之后，平静了；他也想睡去。忽然，扑通一声，惊得他又睁开眼。同时听到沙沙[2]地响，是爪子抓着瓦器的声音。

　　"好！该死[3]！"他想着，心里非常高兴，一面就轻轻地坐起来。

　　他跨下床，借着月光走向门背后，摸到钻火家伙，点上松明，向水瓮里一照。果然，一匹很大的老鼠落在那里面了；但是，存水已经不多，爬不出来，只沿着水瓮内壁，抓着，团团地转圈子。

---

1 格支格支 *gézhī gézhī* : il s'agit d'une onomatopée, utilisée pour les grincements (porte, chaise…), les grattements, couinements et divers bruits de mâchoires. Se présente plus fréquemment sous la forme 咯吱 *gēzhī*.
2 沙沙 *shāshā* : autre onomatopée ; utilisée pour grattements, bruissements (papier, étoffe…)
3 该死 : injure : *crève ! Va mourir ! Va en enfer !* Également en juron, ayant perdu de sa virulence à force d'usage, équivalent de *merde !* ou *putain !*

Un

À PEINE MEI JIANCHI s'était-il couché aux côtés de sa mère que les rats sortirent s'attaquer aux couvercles de bois des marmites. Ce ramdam eut le don de le mettre en fureur. Il jeta à voix basse plusieurs bordées d'injures qui eurent d'abord quelque effet, mais bien vite les bêtes ne lui prêtèrent plus aucune attention et reprirent leur grignotement sans plus de retenue, *ratt-ratt-ratt, ratt-ratt-ratt.* Jianchi n'osait pas hausser le ton de crainte de réveiller sa mère, elle qui trimait toute la sainte journée et s'endormait le soir comme une masse dès qu'elle s'allongeait.

Après un long moment le calme revint et il tenta de s'endormir. Mais un *plouf !* soudain lui fit rouvrir grand les yeux. Et le bruit reprit, différent : c'était désormais le doux grattement de griffes à l'intérieur d'un récipient de céramique.

« Voilà ! Tu vas crever ! » se dit-il, fort satisfait.

Il se redressa doucement puis jeta les jambes hors du lit et se dirigea dans le clair de lune vers la porte pour se saisir en tâtonnant du briquet qui pendait à l'arrière du battant. Il alluma une torche en pin et l'approcha de la jarre à eau. Un énorme rat y était tombé ; il ne restait plus assez d'eau pour qu'il puisse en ressortir. Il nageait en cercles le long de la paroi intérieure de la jarre en s'aidant de ses griffes.

"<u>活该</u>[1]！"他一想到夜夜咬家具，闹得他不能安稳睡觉的便是它们，很觉得畅快。他将松明插在土墙的小孔里，赏玩着；然而那圆睁的小眼睛，又使他发生了憎 恨，伸手抽出一根芦柴，将它直按到水底去。过了一会，才放手，那老鼠也随着浮了上来，还是抓着瓮壁转圈子。只是抓劲已经没有先前似的有力，眼睛也淹在水里面，单露出一点尖尖的通红的小鼻子，<u>咻咻</u>[2]地急促地喘气。

他近来很有点不大喜欢红鼻子的人。但这回见了这尖尖的小红鼻子，却忽然觉得它可怜了，就又用那芦柴，伸到它的肚下去，老鼠抓着，歇了一回力，便沿着芦干爬了上来。待到他看见全身，——<u>湿淋淋</u>[3]的黑毛，大的肚子，蚯蚓随的尾巴，——便又觉得可恨可憎得很，慌忙将芦柴一抖，扑通一声，老鼠又落在水瓮里，他接着就用芦柴在它头上捣了几下，叫它赶快沉下去。

---

1 活该 *huógāi*：*bien fait pour toi, pour ta gueule.* Avec la même connotation péjorative.

2 咻咻 *xiūxiū*：onomatopée, utilisée pour les respirations sifflantes, haletantes (气咻咻) ou chuintantes.

3 湿淋淋 *shīlínlín*：*complètement trempé.* Ce type d'expressions en trois caractères, dont l'un redoublé, est appelé en chinois ABB 式的词语 « expressions au format ABB ». Très courantes (on en recense plus de 1600 différentes), elles servent généralement en adjectif qualificatif au sens renforcé par rapport à un adjectif « normal » de deux caractères.

« Bien fait pour toi. »

Il songea que c'était bien là l'une de ces engeances qui nuit après nuit rongeaient le mobilier et dont le tapage l'empêchait de trouver un sommeil réparateur ; il exulta. Il coinça l'extrémité de la torche dans un petit trou du mur en terre pour mieux apprécier le spectacle. À la vue de ces petits yeux tout ronds la haine le saisit. Il tendit la main pour s'emparer d'une tige de roseau et en piqua l'animal pour l'enfoncer sous l'eau. Quand il releva le bras après quelques instants, le rat remonta à la surface et reprit son manège maniaque, s'agrippant de plus belle à la paroi. Il ne griffait cependant plus avec la même vigueur, ses yeux étaient noyés et seul son museau écarlate perçait encore la surface. On n'entendait plus que le chuintement oppressé de sa respiration.

Ces derniers temps, Jianchi s'était pris d'aversion pour les gens au nez rouge. Et pourtant, de voir ce petit museau tout pointu, tout rouge, lui fit soudain prendre la bête en pitié. Il tendit le roseau et le glissa sous le ventre du rat qui s'y cramponna, reprit un peu de souffle et commença à se hisser le long de la tige. Quand le rat fut sorti de l'eau et que le garçon put apercevoir son corps tout entier – le pelage noir et ruisselant, le ventre distendu, le long ver de la queue – la haine et le dégoût le submergèrent à nouveau. Il secoua fébrilement le roseau et le rat retomba avec bruit dans la jarre, puis il le frappa de plusieurs coups sur la tête avec la tige pour le faire couler encore plus vite.

换了六回松明之后，那老鼠已经不能动弹，不过沉浮在水中间，有时还向水面微微一跳。眉间尺又觉得很可怜，随即折断芦柴，好容易[1]将它夹了出来，放在地面上。老鼠先是丝毫不动，后来才有一点呼吸；又许多时，四只脚运动了，一翻身，似乎要站起来逃走。这使眉间尺大吃一惊，不觉提起左脚，一脚踏下去。只听得吱 的一声，他蹲下去仔细看时，只见口角上微有鲜血，大概是死掉了。

他又觉得很可怜，仿佛自己作了大恶似的，非常难受。他蹲着，呆看着，站不起来。

"尺儿[2]，你在做什么？"他的母亲已经醒来了，在床上问。

"老鼠……。"他慌忙站起，回转身去，却只答了两个字。

"是的，老鼠。这我知道。可是你在做什么？杀它呢，还是在救它？"

他没有回答。松明烧尽了；他默默地立在暗中，渐看见月光的皎洁。

1 Rappelons que ce terme est en quelque sorte un « faux ami » qui, bien que composé de « bien » et de « facile », signifie en fait « à grand-peine », « très difficilement » ;
2 En Chine du Nord l'une des façons de former des diminutifs pour les enfants et les êtres chers est de prendre tout ou partie du prénom et d'y adjoindre le son formé par le suffixe –er 儿, ce qui confère à la syllabe ainsi transformée un son final en gargouillis de gorge, un peu comme pour l'accent « parigot »…

Il fallut bien le temps que brûlent six torches de pin pour que le rat renonce enfin à se débattre ; il flottait entre deux eaux, esquissant encore parfois une amorce de contraction vers la surface. Mei Jianchi s'apitoya de nouveau. Il cassa en deux le roseau et, s'en servant comme d'une pince, repêcha à grand peine l'animal et le déposa sur le sol. Le rat ne remuait pas un poil et pourtant, petit à petit, le souffle lui revint. Bientôt, à la grande surprise de son sauveur, il agita ses quatre pattes et se retourna, prêt à se dresser pour déguerpir. Jianchi leva le pied gauche dans un réflexe inconscient et le rabattit. Rien qu'un couinement – il s'agenouilla pour l'exa-miner de plus près : un peu de sang frais était apparu au coin de la gueule de l'animal. Il était sûrement mort à présent.

Jianchi fut encore une fois envahi de pitié pour lui-même autant que pour le rat, comme s'il avait commis un impardonnable péché. Il restait à genoux, le regard vide, incapable de se relever.

« Chir... qu'est-ce que tu fais là ? » Sa mère s'était réveillée et l'interpellait du lit.

« Le rat... » Il se redressa en hâte et lui fit face, mais aucun autre mot ne lui vint à la bouche.

« Oui, le rat, je sais. Mais toi, qu'en fais-tu ? Est-ce que tu l'achèves, ou est-ce que tu le sauves ? »

Il ne répondit pas. La torche s'éteignit. Il resta debout dans le noir, silencieux ; son regard s'emplissait peu à peu de la pureté de la clarté lunaire.

"唉！"他的母亲叹息说，"一交子时[1]，你就是十六岁了，性情还是那样，不冷不热地，一点也不变。看来，你的父亲的仇是没有人报的了。"

他看见他的母亲坐在灰白色的月影中，仿佛身体都在颤动；低微的声音里，含着无限的悲哀，使他冷得毛骨悚然[2]，而一转眼间，又觉得热血在全身中忽然腾沸。

"父亲的仇？父亲有什么仇呢？"他前进几步，惊急地问。

"有的。还要你去报。我早想告诉你的了；只因为你太小，没有说。现在你已经成人了，却还是那样的性情。这教我怎么办呢？你似的性情，能行大事的么？"

"能。说罢，母亲。我要改过……。"

"自然。我也只得说。你必须改过……。那么，走过来罢。"

他走过去；他的母亲端坐在床上，在暗白的月影里，两眼发出闪闪的光芒。

"听哪！"她严肃地说，"你的父亲原是一个铸剑的名工，天下第一。(…)

---

1 子时 *zǐshí* ou « l'heure du rat », désigne la première veille de la journée, soit entre 11h du soir et 1h du matin. 子 est ici le premier des 12 « branches terrestres », permettant de désigner les 12 veilles.
2 毛骨悚然 *máogǔ-sǒngrán* : expression idiomatique (*chengyu*) : *en avoir les cheveux qui se dressent sur la tête, avoir la chair de poule.*

« Ah là là... soupira-t-elle. Tu auras seize ans[1] à la minuit mais tu n'as pas changé d'un brin. Tu es toujours aussi tiédasse et indécis. J'ai bien l'impression que personne ne pourra venger ton père ! »

Il voyait sa mère assise, sa silhouette tremblotante dans le clair-obscur grisâtre. Le mince filet de sa voix était empreint d'une infinie tristesse qui lui donna la chair de poule. Mais en un clin d'œil, ce fut comme un afflux de sang chaud qui lui parcourut tout le corps :

« Venger Père ? Il demande vengeance ? lâcha-t-il, déconcerté, en s'avançant de quelques pas.

— Oui, et il a surtout demandé que tu t'en charges. Cela faisait longtemps que je voulais t'en parler mais tu étais trop petit. Tu es un homme maintenant mais ton caractère est resté le même... Que puis-je y faire ? Crois-tu avoir la force d'âme nécessaire pour accomplir de grandes choses ?

— Je l'ai. Parle, Mère. Je me corrigerai...

— Bien entendu... je dois parler, et toi tu dois te corriger ! Allez, viens donc ici. »

Il s'approcha. Sa mère s'était assise très droite et ses yeux semblaient refléter les pâles rayons de la lune.

Son ton se fit sévère :

« Écoute ! Ton père était un artisan renommé, un armurier qui forgeait les meilleures épées du monde. (...)

---

1 Les Chinois ayant traditionnellement un an à la naissance, le jeune homme aura en fait quinze ans dans la nuit.

(...)他的工具，我早已都卖掉了来救了穷了，你已经看不见一点遗迹；但他是一个世上无二的铸剑的名工。二十年前，王妃生下了一块铁，听说是抱了一回铁柱之后受孕的，是一块纯青透明的铁。大王知道是异宝，便决计用来铸一把剑，想用它保国，用它杀敌，用它防身。不幸你的父亲那时偏偏[1]入了选，便将铁捧回家里来，日日夜夜地锻炼，费了整三年的精神，炼成两把剑。

"当最末次开炉的那一日，是怎样地骇人的景象呵！哗拉拉[2]地腾上一道白气的时候，地面也觉得动摇。那白气到天半便变成白云，罩住了这处所，渐渐现出绯红 颜色，映得一切都如桃花[3]。我家的漆黑的炉子里，是躺着通红的两把剑。你父亲用井华水[4]慢慢地滴下去，那剑嘶嘶[5]地吼着，慢慢转成青色了。(…)

---

1 偏偏 *piānpiān* : *comme de juste, par malchance*

2 哗拉拉 *huálālā*, onomatopée, pour des bruits soudains ou violents : déchirement, cascade, effondrement (*patatras !*), etc.

3 Cette image est plus forte en chinois qu'en français : en effet le pêcher est immédiatement assimilé à l'immortalité et donc l'éternité dans l'esprit chinois. Immortalité conférée par une seule bouchée du fruit des pêchers qui poussent dans le jardin de la Reine Mère d'Occident, l'une des divinités les plus populaires de la vieille religion chinoise !

4 井华水 *jǐnghuáshuǐ* : ce terme désigne l'eau de la première puisée, censée être dotée de propriétés particulières en médecine chinoise. Également appelée 井花水 dans le Sichuan.

5 嘶嘶 *sīsī* : onomatopée : bruits de grésillement, d'inspiration.

(…) J'ai dû, il y a longtemps, revendre tous ses outils pour nous épargner la misère la plus crasse, voilà pourquoi tu n'en as jamais vu l'ombre. Mais je t'assure qu'aucun autre forgeron ne lui arrivait même à la cheville ! Il y a vingt ans de cela, la première concubine du roi a mis au monde un bloc de fer, d'un bleu-vert si pur qu'il en laissait passer la lumière. Il se disait qu'elle était tombée grosse d'avoir embrassé une colonne de métal… Le roi sut qu'un inestimable trésor lui était échu et décida d'en faire forger une épée qui lui servirait à protéger son royaume, à abattre ses ennemis, à défendre sa propre vie. Par malchance ce fut ton propre père qui fut justement choisi pour forger l'arme. Il rapporta le morceau de fer à la maison, le tenant des deux mains avec déférence. Trois années d'affilée, il consacra à cette tâche toute son énergie, affinant le fer jour après jour, nuit après nuit, et finit par en tirer non pas une, mais deux épées.

« Et tout à la fin, quand vint le jour d'ouvrir le four de la forge, quel spectacle terrifiant ! Un jet de vapeur blanche s'en échappa à grand fracas et même la terre trembla. La vapeur monta au ciel et se transforma en nuée blanche qui recouvrit toute la région puis se teinta peu à peu de nuances pourpres, conférant à toutes choses la couleur des fleurs du pêcher. Deux lames écarlates reposaient au fond de notre four noir. Ton père prit de l'eau au puits, la première eau pure de l'aurore, et la versa goutte à goutte sur le métal chauffé au rouge qui rugit et changea lentement de couleur. (…)

(⋯)这样地七日七夜，就看不见了剑，仔细看时，却还在炉底里，纯青的，透明的，正像两条冰。

"大欢喜的光采，便从你父亲的眼睛里四射出来；他取起剑，拂拭着，拂拭着。然而悲惨的皱纹，却也从他的眉头和嘴角出现了。他将那两把剑分装在两个匣子里。

"'你只要看这几天的景象，就明白无论是谁，都知道剑已炼就的了。'他悄悄地对我说。'一到明天，我必须去献给大王。但献剑的一天，也就是我命尽的日子。怕我们从此要长别了。'

"'你⋯⋯。'我很骇异，猜不透他的意思，不知怎么说的好。我只是这样地说：'你这回有了这么大的功劳⋯⋯。'

"'唉！你怎么知道呢！'他说。'大王是向来善于猜疑，又极残忍的。这回我给他炼成了世间无二的剑，他一定要杀掉我，免得我再去给别人炼剑，来和他匹敌，或者超过他。'

"我掉泪了。

"'你不要悲哀。这是无法逃避的。眼泪决不能洗掉运命。我可是早已有准备在这里了！'(⋯)

(…) Ainsi pendant sept jours et sept nuits ; on ne voyait plus les épées. Pourtant elles étaient là, au fond de la forge, bleues et transparentes comme deux éclats de glace.

« Une lueur d'intense bonheur jaillit des deux yeux de ton père. Il ramassa les épées, les caressa, les essuya. Mais en même temps des rides de tristesse apparurent entre ses sourcils et aux coins de sa bouche. Il rangea les armes dans deux coffrets distincts.

« À la vue des présages de ces derniers jours, me dit-il doucement, tout un chacun a pu comprendre que l'épée était enfin terminée. J'irai dès demain la présenter au roi. Mais ce jour sera aussi celui de ma fin. Je crains que nous ne devions nous dire un éternel adieu.

« Mais tu... J'étais abasourdie, je ne comprenais pas ce qu'il voulait me dire et ne trouvais pas mes mots. Je n'ai pu que bafouiller : Mais pourtant tu as réussi là un tel exploit...

« Hélas ! qu'en sais-tu ! répondit-il. Notre souverain a toujours été d'un caractère soupçonneux, et cruel au plus haut point. Je lui ai forgé une épée comme nulle autre n'en existe au monde. Il n'aura de cesse d'empêcher que je puisse en fabriquer de semblables pour d'autres qui voudraient rivaliser ou l'emporter sur lui. Il va sûrement me supprimer.

« Je fondis en larmes.

« Ne sois pas triste, dit-il alors. Tout cela est inéluctable et les larmes n'effaceront pas ce qui est écrit. Cela fait longtemps que je me prépare pour ce jour ! (…)

（…）他的眼里忽然发出电火随的光芒，将一个剑匣放在我膝上。'这是雄剑。'他说。'你收着。明天，我只将这雌剑献给大王去。倘若我一去竟不回来了呢，那是我一定不再在人间了。你不是怀孕已经五六个月了么？不要悲哀；待生了 孩子，好好地抚养。一到成人之后，你便交给他这雄剑，教他砍在大王的颈子上，给我报仇！'"

"那天父亲回来了没有呢？"眉间尺赶紧问。

"没有回来！"她冷静地说。"我四处打听，也杳无消息。后来听得人说，第一个用血来饲你父亲自己炼成的剑的人，就是他自己——你的父亲。还怕他鬼魂[1]作怪，将他的身首分埋在前门和后苑了！"

眉间尺忽然全身都如烧着猛火，自己觉得每一枝毛发上都仿佛闪出火星来。他的双拳，在暗中捏得格格地作响。

他的母亲站起了，揭去床头的木板，下床点了松明，到门背后取过一把锄，交给眉间尺道："掘下去！"

---

1 鬼魂 *guǐhún* : âmes après la mort, esprits désincarnés. Un être humain dispose de trois âmes *yang* célestes 魂 *hún*, qui l'élèvent, et de sept âmes *yin* terrestres ou végétatives, les 魄 *pò*. À la mort, les Po retournent à la terre, les Hun sont censées s'élever au Ciel. Mais si cette transition est empêchée (en cas de mort violente par exemple…), les âmes reviendront hanter les lieux de la mort.

(…) Et sur ces paroles, ses yeux laissaient échapper des éclairs ; il posa l'un des coffrets sur mes genoux. Voici l'épée mâle, je te la confie, reprit-il. Demain je ne donnerai que l'épée femelle au roi. Si je pars et ne reviens pas, c'est que je ne suis plus de ce monde. N'es-tu pas déjà enceinte de cinq ou six mois ? Ne sois donc pas triste ! Mets ton enfant au monde et élève-le du mieux possible. Dès qu'il aura atteint l'âge d'homme, remets-lui l'épée et ordonne-lui de l'abattre sur la nuque du grand roi ! Telle sera ma vengeance.

— Et ce jour-là, Père est-il revenu ? demanda Jianchi précipitamment.

— Non, dit sa mère de sa voix glaciale. J'ai tenté partout de m'enquérir mais ne pus recueillir la moindre bribe d'information. Ce n'est que bien plus tard que j'ai entendu dire que le premier à abreuver de son sang l'épée que ton père avait forgée, ce fut lui-même – ton propre père ! Et comme l'on craignait que ses âmes refusent de trouver le repos, on enterra sa tête et son corps en deux endroits différents : celui-ci devant le portail principal, celle-là dans le jardin intérieur ! »

Des pieds à la tête, Mei Jianchi s'embrasa soudain. Il lui semblait que de l'extrémité de chacun de ses poils jaillissaient des étincelles. Dans la pénombre, il serra les deux poings à s'en faire craquer les phalanges.

Sa mère se mit debout sur la couche et dégagea quelques planches à la tête du lit. Puis elle en descendit, alluma une torche, prit une houe derrière la porte, la tendit à son fils et intima : « Creuse ! »

眉间尺心跳着，但很沉静的一锄一锄轻轻地掘下去。掘出来的都是黄土，约到五尺多深，土色有些不同了，随乎是烂掉的材木。

"看罢！要小心！"他的母亲说。

眉间尺伏在掘开的洞穴旁边，伸手下去，谨慎小心地撮开烂树，待到指尖一冷，有如触着冰雪的时候，那纯青透明的剑也出现了。他看清了剑靶[1]，捏着，提了出来。

窗外的星月和屋里的松明随乎都骤然失了光辉，惟有青光充塞宇内。那剑便溶在这青光中，看去好像一无所有[2]。眉间尺凝神细视，这才仿佛看见长五尺余，却并不见得怎样锋利，剑口[3]反而有些浑圆，正如一片韭叶。

"你从此要改变你的优柔的性情，用这剑报仇去！"他的母亲说。

"我已经改变了我的优柔的性情，要用这剑报仇去！"

1 靶 : prononcé au 4ᵉ ton *bà*, ce caractère remplace 把 *bà* (et non pas *bǎ*), *poignée* (de l'épée).

2 一无所有 *yī wú suǒ yǒu* : cette expression est un *chengyu*, mais est ici utilisée dans un sens détourné. L'idiome signifie normalement *être dénué de tout*, sur le plan de l'argent, des connaissances ou du succès ; ici elle dénote simplement l'absence, le néant.

3 剑口 *jiànkǒu*, terme rare, est ici également employé mal à propos par l'auteur. Le mot désigne la garde de l'épée, plus fréquemment traduite par 剑首, 剑环 (镡 *xín* en langue classique) ; or le qualificatif de 浑圆 *húnyuán* : *tout rond, épointé,* n'a pas de raison de s'appliquer à la garde.

Le cœur de Jianchi bondissait dans sa poitrine mais il se mit à creuser très calmement, à légers coups de houe. Il ne déplaçait que de la terre jaune ; arrivé à cinq pieds de profondeur cependant, la couleur de la terre changea pour prendre celle du bois pourri d'un cercueil.

« Regarde ! Fais attention ! » dit sa mère.

Jianchi se coucha au bord du trou, allongea le bras et écarta avec précaution les morceaux de bois moisi. Bientôt les bouts de ses doigts se glacèrent comme s'il les avaient plongés dans la neige : il avait atteint l'épée bleue translucide. Il repéra la poignée et l'agrippa pour retirer l'arme du trou.

Les astres et la lune qu'on voyait par la fenêtre et la flamme vacillante de la torche de pin perdirent soudain de leur éclat, l'univers entier semblait être empli de cette seule lueur bleue. L'objet se fondait dans cette clarté et en perdait toute substance. En scrutant de son mieux, Jianchi finit par percevoir une épée de plus de cinq pieds de long dont le tranchant ne lui apparaissait pas particulièrement aiguisé et dont l'extrémité avait la forme arrondie d'une feuille de cive.

« Tu dois dès à présent te débarrasser de ton caractère paisible et te servir de cette épée pour la vengeance ! lui dit sa mère.

— Je m'en suis déjà débarrassé. Par cette épée, j'obtiendrai vengeance !

“但愿如此。你穿了青衣，背上这剑，衣剑一色，谁也看不分明的。衣服我已经做在这里，明天就上你的路去罢。不要记念我！”她向床后的破衣箱一指，说。

眉间尺取出新衣，试去一穿，长短正很合式。他便重行叠好，裹了剑，放在枕边，沉静地躺下。他觉得自己已经改变了优柔的性情；他决心要并无心事一般，倒头便睡，清晨醒来，毫不改变常态，从容地去寻他<u>不共戴天</u>[1]的<u>仇雠</u>[2]。但他醒着。他翻来复去，总想坐起来。他听到他母亲的失望的轻轻的长叹。他听到最初的鸡鸣；他知道已交子时，自己是上了十六岁了。

---

1 不共戴天 *bù gòng dài tiān* est un *chengyu* : « ne pouvoir vivre sous le même ciel » ; vouer une haine implacable.
2 仇 *chóu* : caractère très rare, forme différente et synonyme de celui qui le précède, 仇 *chóu* (ennemi, haïr). Le 仇雠 est donc l'ennemi « au carré », celui qui mérite une double dose de haine…

« — Je l'espère bien. Avec des habits bleus et l'épée sur ton dos, personne ne pourra la discerner. Tes vêtements sont déjà prêts, tu partiras dès demain. Surtout ne pense pas à moi ! »

Ce disant, elle désignait du doigt la vieille malle à vêtements rangée derrière le lit.

Mei Jianchi sortit ses nouveaux habits, les essaya et constata qu'ils lui allaient parfaitement. Il les rangea de nouveau en pile puis enveloppa l'épée et la posa à côté de son oreiller. Il s'allongea, empli d'un grand calme, convaincu d'avoir bien laissé derrière lui son tempérament trop placide. Il prit la résolution d'agir comme si de rien n'était ; il s'endormirait et se réveillerait le lendemain à l'aube comme à l'accoutumée. Puis il se mettrait en route sans hâte pour débusquer cet ennemi qui n'avait plus le droit de respirer le même air que lui.

Mais le sommeil le fuit. Il se retournait sans cesse, tourmenté de l'envie de se rasseoir. Il entendait sa mère exhaler doucement de longs soupirs désespérés. Plus tard, il perçut le premier chant du coq : il sut qu'un jour nouveau, le jour de ses seize ans, était arrivé.

二

当眉间尺肿着眼眶，头也不回的跨出门外，穿着青衣，背着青剑，迈开大步，径奔城中的时候，东方还没有露出阳光。杉树林的每一片叶尖，都挂着露珠，其中 隐藏着夜气。但是，待到走到树林的那一头，露珠里却闪出各样的光辉，渐渐幻成晓色了。远望前面，便依稀看见灰黑色的城墙和雉堞[1]。

和挑葱卖菜的一同混入城里，街市上已经很热闹。男人们一排一排的呆站着；女人们也时时从门里探出头来。她们大半也肿着眼眶；蓬着头；黄黄的脸，连脂粉也不及涂抹。

眉间尺预觉到将有巨变降临，他们便都是焦躁而忍耐地等候着这巨变的。

他径自向前走；一个孩子突然跑过来，几乎碰着他背上的剑尖，使他吓出了一身汗。转出北方，离王宫不远，人们就挤得密密层层[2]，都伸着脖子。(…)

---

1 雉堞 *zhìdié* : synonyme du plus commun 城垛 *chéngduǒ*, désigne l'ensemble du crénelage d'une muraille, c'est-à-dire le parapet, les créneaux ou embrasures (parties basses) 垛口 *duǒkǒu*, et les merlons (parties hautes) 垛子 *duǒzi*.
2 密密层层 *mìmì céngcéng* : *chengyu*. Dense, touffu, impénétrable.

Deux

QUAND MEI JIANCHI, les yeux bouffis de sommeil, franchit la porte de chez lui sans un regard en arrière, le soleil n'avait pas encore percé à l'orient. Il portait ses habits et son épée bleus et se dirigeait à grands pas droit vers la cité. Des gouttes de rosée, pleines en secret de l'air de la nuit, perlaient à chaque aiguille de la forêt de pins. Mais quand il en émergea enfin, les perles resplendissaient de tous les reflets de l'aurore. Son regard se posa, loin au-devant de lui, sur les créneaux et les merlons des murs noirâtres de la ville émergeant vaguement de la pénombre.

Il en franchit les portes mêlé à une cohue de paysans chargés de palanches qui venaient vendre oignons et légumes au marché de rue en pleine effervescence. Des hommes s'étaient rassemblés, oisifs ; de temps à autre, une tête de femme ébouriffée sortait de derrière un portail. La plupart n'étaient même pas encore poudrées, et leurs visages jaunes avaient les yeux gonflés.

Mei Jianchi sentit qu'un évènement majeur se préparait et que tous, balançant entre patience et anxiété, en attendaient la venue.

Il continua sa route. Un enfant surgit soudain en courant et manqua le percuter dans le dos – là où son épée pendait. La frayeur, brutale, le fit abondamment transpirer. Il se tourna vers le nord et se rapprocha du palais royal. La foule était de plus en plus dense et chacun tendait le cou. (…)

（…）人丛中还有女人和孩子哭嚷的声音。他怕那看不见的雄剑伤了人，不敢挤进去；然而人们却又在背后拥上来。他只得宛转地退避；面前只看见人们的背脊和伸长的脖子。

忽然，前面的人们都陆续跪倒了；远远地有两匹马并着跑过来。此后是拿着木棍，戈[1]，刀[2]，弓弩，旌旗的武人，走得满路黄尘滚滚。又来了一辆四匹马拉的大 车，上面坐着一队人，有的打钟击鼓，有的嘴上吹着不知道叫什么名目的劳什子[3]。此后又是车，里面的人都穿画衣，不是老头子，便是矮胖子，个个满脸油汗。接着又是一队拿刀枪剑戟的骑士。跪着的人们便都伏下去了。这时眉间尺正看见一辆黄盖的大车驰来，正中坐着一个画衣的胖子，花白胡子，小脑袋；腰间还依稀看见佩着和他背上一样的青剑。

他不觉全身一冷，但立刻又灼热起来，像是猛火焚烧着。

---

1 戈 *gē* : arme d'hast caractéristique de l'antiquité chinoise, consistant en une courte lame pointue fixée perpendiculairement au bout d'une hampe de longueur variable. La traduction choisie de *hache-poignard,* bien que courante, n'est qu'une possible parmi d'autres.
2 Pour un récit se déroulant à une époque plus récente, on aurait dû traduire 刀 par « sabre » dans ce contexte, mais ce type d'armes n'existait pas encore sous l'antiquité chinoise.
3 劳什子 *láoshízi* : expression dialectale du nord de la Chine, désigne un objet, avec une connotation péjorative : *truc, machin.*

(…) Des masses compactes lui provenaient cris de femmes et pleurs d'enfants. Il craignait que son épée invisible ne finisse par blesser des gens et n'osait plus se frayer son chemin. Mais dans son dos la populace se pressait tout autant. Il battit en retraite en zigzaguant. Il n'apercevait plus que des dos et des nuques tendues.

Tout à coup la foule devant lui se jeta à genoux, comme fauchée par une vague qui avançait. Au loin deux chevaux progressaient de front au galop. Des soldats suivaient, ceints de poignards et d'arbalètes, portant gourdins, haches-poignards et étendards. Leurs pas soulevaient des rouleaux de poussière jaune sur la largeur de la rue. Puis ce fut un grand char attelé de quatre chevaux, chargé d'une troupe de musiciens, les uns frappant cloches ou tambours, les autres soufflant dans des instruments irritants dont il ne savait pas le nom. Ensuite vint encore un char dont les passagers vêtus de costumes chamarrés étaient tous des vieillards ou des nains obèses au visage couvert de sueur ; et des cavaliers, portant poignards, épées, lances et hallebardes. À leur passage la populace agenouillée se jeta à terre. Mei Jianchi vit alors s'approcher un grand carrosse recouvert d'un dais jaune dans lequel était assis un individu corpulent doté d'une petite tête encadrée par une barbe blanche ; il était vêtu d'un costume chatoyant et à sa ceinture Jianchi crut distinguer une épée bleue – en tout point semblable à celle qu'il portait lui-même sur son dos.

Son corps entier fut pris dans un étau glacé ; l'instant d'après une vague de chaleur le parcourut, le consumant d'un feu d'enfer.

他一面伸手向肩头捏住剑柄，一面提起脚，便从伏着的人们的脖子的空处跨出去。

但他只走得五六步，就跌了一个倒栽葱[1]，因为有人突然捏住了他的一只脚。这一跌又正压在一个干瘪脸的少年身上；他正怕剑尖伤了他，吃惊地起来看的时候，肋下就挨了很重的两拳。他也不暇计较，再望路上，不但黄盖车已经走过，连拥护的骑士也过去了一大阵了。

路旁的一切人们也都爬起来。干瘪脸的少年却还扭住了眉间尺的衣领，不肯放手，说被他压坏了贵重的丹田[2]，必须保险，倘若不到八十岁便死掉了，就得抵命。闲人们又即刻围上来，呆看着，但谁也不开口；后来有人从旁笑骂了几句，却全是附和干瘪脸少年的。眉间尺遇到了这样的敌人，真是怒不得，笑不得，只觉得无聊，却又脱身不得。这样地经过了煮熟一锅小米的时光，眉间尺早已焦躁得浑身发火，看的人却仍不见减，还是津津有味[3]随的。

---

1 倒栽葱 *dàozāicōng* : « planter la ciboule à l'envers ». Signifie *tomber tête la première, cul par dessus tête.* Cette expression joue sur les deux sens du caractère 栽, « planter, cultiver » et « tomber ».
2 丹田 *dāntián* : champ de cinabre inférieur. L'un des trois creusets ou chaudrons de la médecine et de l'alchimie traditionnelle chinoise, d'inspiration taoïste ; il se situe trois pouces en dessous et en retrait du nombril. À cet endroit est fabriqué et sublimé le Qi, énergie ou souffle vital.
3 津津有味 *jīnjīn yǒu wèi* : *chengyu.* Avec grand plaisir, avec délectation.

Il leva la main vers la poignée de l'épée au-dessus de son épaule et dans le même mouvement se jeta en avant, profitant des moindres espaces laissés par les corps prosternés.

Mais il n'avait pas parcouru plus de cinq ou six pas qu'il trébucha et s'étala de tout son long sur le dos d'un jeune homme au visage tout desséché : quelqu'un lui avait fait un vilain croche-pied. À peine s'était-il relevé, sonné et s'inquiétant de savoir si l'autre avait pu être blessé par l'épée, qu'il encaissa deux fameux coups de poings dans le plexus. Il ne tenta même pas de se défendre : il regardait la route. Le carrosse et son dais jaune étaient déjà passés, et plusieurs rangs serrés de cavaliers s'interposaient désormais entre sa cible et lui.

La foule amassée au bord de la route se relevait. Le jeune homme, la peau du visage déjà ridée comme une vieille pomme, l'agrippait encore par les plis de son vêtement, le secouait sans relâche et éructait que Mei Jianchi lui avait écrasé le champ de cinabre inférieur, organe précieux entre tous, et devait lui donner l'assurance qu'il payerait ce crime de sa propre vie si d'aventure sa victime venait à mourir avant ses quatre-vingt ans... Les badauds commencèrent à faire cercle autour d'eux, ahuris, muets. Mais bientôt certains lançaient aussi des insultes en riant, se rangeant tous du côté du jeune citadin fripé. Confronté à de tels adversaires, Jianchi n'était ni furieux ni amusé, il était juste bien embêté de ne pouvoir s'en dégager. Un certain temps passa ainsi, le temps de cuire une marmite entière de millet ; il brûlait d'impatience, comme pris de fièvre, mais les amateurs de ce savoureux spectacle semblaient toujours aussi nombreux.

前面的人圈子动摇了，挤进一个黑色的人来，黑须黑眼睛，瘦得如铁。他并不言语，只向眉间尺冷冷地一笑，一面举手轻轻地一拨干瘪脸少年的下巴，并且看定了他的脸。那少年也向他看了一会，不觉慢慢地松了手，溜走了；那人也就溜走了；看的人们也都无聊地走散。只有几个人还来问眉间尺的年纪，住址，家里可有姊姊。眉间尺都不理他们。

他向南走着；心里想，城市中这么热闹，容易误伤，还不如在南门外等候他回来，给父亲报仇罢，那地方是地旷人稀，实在很便于施展。这时满城都议论着国王的游山，仪仗，威严，自己得见国王的荣耀，以及俯伏得有怎么低，应该采作国民的模范等等，很像蜜蜂的排衙[1]。直至将近南门，这才渐渐地冷静。

---

1 排衙 *páiyá* : désigne une cérémonie officielle pour la prise de fonctions d'un haut dignitaire, à l'occasion de laquelle tous les subordonnés devaient s'assembler en rangs serrés.

La presse humaine qui lui faisait face tangua soudain et s'ouvrit pour laisser passer un personnage sec comme une barre à mine, aux yeux noirs et à la barbe noire. Sans proférer un seul mot il adressa à Mei Jianchi un sourire glacé et tapota de sa main levée le menton du jeune homme au visage ridé en le fixant dans les yeux. Le jeune homme soutint d'abord son regard mais relâcha peu à peu sa prise puis s'éclipsa sans demander son reste. L'autre partit également ; déçus et frustrés les spectateurs s'égaillèrent eux aussi en un instant. Seuls quelques-uns s'approchèrent de Jianchi et lui demandèrent son âge, son adresse, s'il avait une grande sœur à la maison... Il les ignora superbement.

Il repartit vers le sud. Il songeait qu'au sein de l'agitation de la ville il risquait trop de blesser quelqu'un par inadvertance. Mieux valait prendre position à l'extérieur de la porte méridionale et y attendre le retour du cortège pour venger son père. Les faubourgs étaient vastes et peu peuplés, l'endroit serait idéal pour agir. Chaque bribe de conversation qui courait dans la cité semblait porter sur l'excursion montagnarde du roi, sur l'apparat et la solennité de Son cortège, sur l'insigne honneur que représentait le privilège d'avoir pu poser les yeux sur Sa personne et de s'être prosterné plus bas que terre ; cela ne valait-il pas une distinction de sujet modèle ? On eût dit l'incessant bourdonnement d'un essaim d'abeilles. Ce n'est qu'au fur et à mesure qu'il se rapprochait de la porte du Sud que le calme se fit peu à peu.

他走出城外，坐在一株大桑树下，取出两个馒头来充了饥；吃着的时候忽然记起母亲来，不觉眼鼻一酸，然而此后倒也没有什么。周围是一步一步地静下去了，他至于很分明地听到自己的呼吸。

天色愈暗，他也愈不安，尽目力望着前方，毫不见有国王回来的影子。上城卖菜的村人，一个个挑着空担出城回家去了。

人迹绝了许久之后，忽然从城里闪出那一个黑色的人来。"走罢，眉间尺！国王在捉你了！"他说，声音好像<u>鸱鸮</u>[1]。

眉间尺浑身一颤，中了魔似的，立即跟着他走；后来是飞奔。他站定了喘息许多时，才明白已经到了杉树林边。后面远处有银白的条纹，是月亮已从那边出现；前面却仅有两点磷火一般的那黑色人的眼光。

"你怎么认识我？……"他极其惶骇地问。

---

1 鸱鸮 *chīxiāo* : désigne la famille des *Strigidae,* c'est-à-dire les hiboux et chouettes. Dans la tradition chinoise, ces animaux symbolisent la cruauté, la brutalité gratuite.

Il sortit de la cité et s'assit sous un gigantesque mûrier puis tira de son baluchon deux petits pains à la vapeur pour apaiser sa faim. Tandis qu'il mangeait il pensa soudain à sa mère ; les larmes lui venaient aux yeux, le nez lui piquait, mais l'image passa et la tristesse aussi. Il se releva et s'éloigna pas à pas de la ville ; autour de lui le silence s'épaississait. Bientôt il entendit même le bruit de sa propre respiration.

Plus le soir approchait, plus son anxiété croissait. Il avait beau scruter l'horizon, il ne voyait pas la moindre trace du retour du roi. Les paysans qui avaient vendu tous leurs légumes s'en retournèrent dans leurs villages, palanche vide à l'épaule. Eux aussi s'étaient évanouis depuis longtemps quand de la direction de la ville surgit brusquement l'homme noir qui l'avait tiré d'affaire.

« Pars, Mei Jianchi ! Le roi est à ta poursuite ! » criait-il, d'une voix étrange qui rappelait à Jianchi le cruel hululement du hibou.

Le garçon se mit à trembler de tous ses membres ; mais comme sous l'influence d'un sort il emboîta sans hésiter le pas à l'homme et leur course prit vite l'allure d'une fuite éperdue. Quand il dut s'arrêter enfin pour reprendre son souffle il s'aperçut qu'ils étaient arrivés à l'orée de la forêt de pins. Derrière eux l'obscurité se striait d'argent ; la lune se levait déjà dans cette direction. Devant lui il n'y avait que la lueur des yeux de l'inconnu, deux feux follets dans la nuit.

« Comment... comment me connaissez-vous ? haleta-t-il, terrifié.

"哈哈！我一向认识你。"那人的声音说。"我知道你背着雄剑，要给你的父亲报仇，我也知道你报不成。<u>岂但</u>[1]报不成；今天已经有人告密，你的仇人早从东门还宫，下令捕拿你了。"

眉间尺不觉伤心起来。

"唉唉，母亲的叹息是无怪的。"他低声说。

"但她只知道一半。她不知道我要给你报仇。"

"你么？你肯给我报仇么，义士？"

"阿，你不要用这称呼来冤枉我。"

"那么，你同情于我们孤儿寡妇？……"

"唉，孩子，你再不要提这些受了污辱的名称。"他严冷地说，"仗义，同情，那些东西，先前曾经干净过，现在却都成了<u>放鬼债的资本</u>[2]。我的心里全没有你所谓的那些。我只不过要给你报仇！"

"好。但你怎么给我报仇呢？"

"只要你给我两件东西。"两粒磷火下的声音说。"那两件么？你听着：一是你的剑，二是你的头！"

---

1 岂但 *qǐdàn* : expression issue du chinois classique, équivalente à 不但 : *non seulement.*

2 放债 *fàngzhài* : prêter à intérêt. Le rajout de 鬼, *fantôme, démon,* donne à l'expression son ton péjoratif.

— Ha ha ha ! Je te connais depuis toujours, répondit l'homme. Je sais que tu portes sur ton dos l'épée mâle et que par celle-ci tu veux venger ton père. Je sais aussi autre chose : que tu échoueras. Et non seulement tu échoueras, mais déjà, tu as été dénoncé et le roi est rentré en ville par la porte orientale après avoir ordonné de t'arrêter.

— Hélas ! ma mère se lamentait à raison, dit Jianchi à voix basse, frappé au cœur par ces mots.

— Mais elle ne sait pas tout. Elle ne sait pas que c'est moi qui vais tirer vengeance à ta place !

— Vous ? Vous le feriez pour moi, chevalier ?

— Ah ! Ne m'affuble donc pas d'un tel terme.

— Alors, auriez-vous pris en pitié la veuve et l'orphelin ?

— Mon enfant, dit l'homme froidement, il est inutile de te gargariser de si grands mots. Chevalerie, pitié, justice... ces notions autrefois sans tâche sont désormais l'apanage de tous les usuriers maudits. Mon cœur est mort et n'éprouve rien de tout cela. Je ne désire qu'une chose : te venger !

— D'accord. Et comment comptez-vous vous y prendre ? demanda Jianchi.

— Il me faut deux choses que tu possèdes. »

La voix lui parvenait de quelque part sous les deux feux follets braqués sur lui.

« Deux choses seulement : écoute bien. Il me faut ta tête, et il me faut ton épée ! »

眉间尺虽然觉得奇怪，有些狐疑，却并不吃惊。他一时开不得口。"你不要疑心我将骗取你的性命和宝贝。"暗中的声音又严冷地说。

"这事全由你。你信我，我便去；你不信，我便住。"

"但你为什么给我去报仇的呢？你认识我的父亲么？"

"我一向认识你的父亲，也如一向认识你一样。但我要报仇，却并不为此。聪明的孩子，告诉你罢。你还不知道么，我怎么地善于报仇。你的就是我的；他也就是我。我的魂灵上是有这么多的，人我所加的伤，我已经憎恶了我自己！"

暗中的声音刚刚停止，眉间尺便举手向肩头抽取青色的剑，顺手从后项窝向前一削，头颅[1]坠在地面的青苔上，一面将剑交给黑色人。

"呵呵！"他一手接剑，一手捏着头发，提起眉间尺的头来，对着那热的死掉的嘴唇，接吻两次，并且冷冷地尖利地笑。(…)

---

1 颅 (顱) *lú* : crâne, et par extension la tête elle-même.

Jianchi était intrigué et tout de même un peu méfiant mais ne manifesta aucune surprise. Il se tint coi. L'autre reprit, d'une voix d'autant plus glaçante qu'elle semblait surgir de la pénombre et du néant :

« Tu n'as pas à craindre que je te dépouille de ta vie ou de ton trésor. Il ne tient qu'à toi : si tu me fais confiance, j'irai. Sinon, j'en reste là.

— Mais pourquoi voulez-vous remplir cette mission à ma place ? Peut-être connaissiez-vous mon père ?

— Je connaissais ton père comme je te connais toi-même, mais cela n'a rien à voir avec mon objectif. Tu es un enfant intelligent mais je te le dis : tu ne peux avoir idée d'à quel point je suis doué pour la vengeance ! Ta vengeance est mienne et je suis ta vengeance. Mon âme est si couturée de blessures que j'en suis venu à me haïr moi-même. Et ces blessures, c'est moi-même autant que les autres qui me les suis infligées ! »

La voix dans la pénombre se tut. Mei Jianchi leva aussitôt la main pour saisir la poignée au-dessus de son épaule, tira l'arme bleue et se trancha la nuque d'un seul et même mouvement en ramenant l'épée devant sa poitrine. Sa tête tomba sur la mousse verte qui tapissait le sol tandis qu'il tendait l'épée à l'homme noir.

Celui-ci la reçut d'une main, et de l'autre agrippa la tête de Mei Jianchi par les cheveux, la leva jusqu'à sa bouche et embrassa à deux reprises les lèvres mortes toujours chaudes avant d'éclater d'un rire glacial et strident. (…)

（…）笑声即刻散布在杉树林中，深处随着有一群磷火似的眼光闪动，倏忽临近，听到咻咻的饿狼的喘息。

第一口撕尽了眉间尺的青衣，第二口便身体全都不见了，血痕也顷刻舐尽，只微微听得咀嚼骨头的声音。

最先头的一匹大狼就向黑色人扑过来。他用青剑一挥，狼头便坠在地面的青苔上。别的狼们第一口撕尽了它的皮，第二口便身体全都不见了，血痕也顷刻舐尽，只微微听得咀嚼骨头的声音。

他已经掣起地上的青衣，包了眉间尺的头，和青剑都背在背脊上，回转身，在暗中向王城扬长地走去。

狼们站定了，耸着肩，伸出舌头，咻咻地喘着，放着绿的眼光看他扬长地走。

他在暗中向王城扬长地走去，发出尖利的声音唱着歌[1]：

1 Le chant qui suit, et les autres chants de « l'homme noir », ont été sujets à de multiples interprétations. Lu Xun lui-même, dans une lettre qu'il adressa le 23 mars 1936 (soit dix ans après la première parution de la nouvelle) à l'un de ses amis japonais, écrivait : « Dans *En forgeant les épées,* je ne crois pas qu'il y ait de passage difficile à comprendre. Les seuls points délicats sont les chants qui y figurent. Leur sens n'est pas du tout évident. Mais c'est parce que le chanteur est lui-même quelqu'un de bizarre, et qu'il ne fait qu'éructer tout ce qui lui passe par la tête. Nous, les gens ordinaires, avons donc du mal à nous l'expliquer. » En conséquence, le traducteur ne prétend certes pas avoir entièrement percé à jour le mystère de ces chants…

(...) Les échos de son rire s'égrenèrent entre les pins... Là où ils se posaient s'allumaient soudain des flammèches dansant dans la nuit, suivies immédiatement du son rauque des halètements de loups affamés.

À la première attaque des loups, les vêtements de Mei Jianchi furent arrachés, à la seconde son corps fut tout entier englouti. Les taches de sang disparurent en un clin d'œil, on n'entendait plus que le craquement des os dans la gueule des bêtes. Puis le plus audacieux des loups monstrueux se rua sur l'homme noir. En un éclair bleu la tête de l'animal roula elle aussi sur la mousse. Les autres loups se jetèrent sur le cadavre : à la première attaque sa peau fut arrachée, à la seconde son corps fut tout entier englouti. Les taches de sang disparurent en un clin d'œil, on n'entendait plus que le craquement des os dans la gueule des bêtes.

L'homme avait déjà ramassé les lambeaux de l'habit bleu qui traînaient à terre ; il en enveloppa la tête de Mei Jianchi. Il prit le paquet sur son dos avec l'épée, tourna les talons et partit à grand pas dans l'obscurité vers la cité royale.

Les loups se figèrent et, langue pendante, pantelants, tête rentrée dans les épaules, ils le regardèrent s'éloigner de leurs yeux verts et luisants.

Il marchait dans l'obscurité à grandes enjambées, indifférent à tout, et de sa voix stridente il chantait :

哈哈爱兮[1]爱乎爱乎！

爱青剑兮一个仇人自屠。

夥颐[2]连翩[3]兮多少一夫。

一夫爱青剑兮呜呼[4]不孤。

头换头兮两个仇人自屠。

一夫则无兮爱乎呜呼！

爱乎呜呼兮呜呼阿呼，

阿呼呜呼兮呜呼呜呼！

1 兮 *xī* et 乎 *hū* sont des particules du chinois classique, fréquemment utilisées dans les poèmes anciens.

2 夥颐 ou 伙颐 *huǒyí* : interjection du chinois classique, qui subsiste dans certains dialectes. Signifie *très nombreux*, ou bien, utilisé seul, exprime la surprise et l'admiration.

3 连翩 *liánpiān* : signifie *qui s'envolent* ou *prennent leur essor en succession*. Mais un autre sens est *solitaire, esseulé*, ce qui ici a plus de sens, en opposition directe au terme précédent.

4 呜呼 *wūhū* : interjection ancienne exprimant la tristesse, la détresse. Autrefois fréquemment utilisée dans les oraisons funèbres, l'expression en est venue à désigner la mort elle-même. Mais par un phénomène courant, l'interjection peut aussi parfois être utilisée pour signifier l'appréciation, l'admiration…

Ha-ha-amour, amour toujours ! Ha ! Pour l'amour
D'une épée bleue, le vengeur se tranche le cou !
Multitude ! Solitude !
Un de plus, un de moins !
Celui qui aime l'épée bleue,
Hélas ! n'est pas seul en ce monde.
Une tête pour une tête,
Et deux vengeurs se tranchent le cou !
Hélas ! Plus personne n'est là pour aimer
L'Amour, hélas ! Hélas !
Aouh ! Hélas ! Hélas ! Hélas !

三

　　游山并不能使国王觉得有趣；加上了路上将有刺客的密报，更使他扫兴[1]而还。那夜他很生气，说是连第九个妃子[2]的头发，也没有昨天那样的黑得好看了。幸而她撒娇坐在他的御膝上，特别扭了七十多回，这才使龙眉之间的皱纹渐渐地舒展。

　　午后，国王一起身，就又有些不高兴，待到用过午膳，简直现出怒容来。

　　"唉唉！无聊！"他打一个大呵欠之后，高声说。上自王后，下至弄臣，看见这情形，都不觉手足无措[3]。白须老臣的讲道，矮胖侏儒[4]的打诨[5]，王是早已听厌的了；近来便是走索，缘竿，抛丸，倒立，吞刀，吐火等等奇妙的把戏，也都看得毫无意味。他常常要发怒；一发怒，便按着青剑，总想寻点小错处，杀掉几个人。

1 扫兴 (掃興) *sǎoxìng* : déçu, désappointé, dégoûté.
2 妃子 *fēi zǐ* : concubine d'un roi ou empereur, également 妃妾. Les concubines des gens du commun sont simplement des 妾 *qiè*, ou plus simplement des « petites épouses » 小妻 *xiǎoqī*.
3 手足无措 *shǒuzú wúcuò* : *chengyu*. Ne savoir que faire, ne pas savoir sur quel pied danser. L'origine de cet idiome remonte aux Analectes (Entretiens) de Confucius.
4 Le rôle de bouffon de cour était tenu par des nains dans la Chine antique, tout come dans l'Occident médiéval.
5 打诨 (打諢) *dǎhùn* : plaisanteries, moqueries, gags.

Trois

L'ESCAPADE EN MONTAGNE n'avait pas réussi à atténuer l'ennui qu'éprouvait le roi. Et quand on lui rapporta qu'il avait échappé en route à l'attaque d'un assassin, il ne songea plus qu'à rentrer, dégoûté. La colère le rongea jusqu'au soir et même les cheveux de sa neuvième concubine ne trouvaient plus grâce à ses yeux : ils n'étaient plus d'un noir aussi éclatant que la veille. Il fallut qu'elle s'asseye sur les genoux royaux en minaudant et qu'elle se tortille plus de soixante-dix fois pour que les rides entre les augustes sourcils daignent se relâcher.

Mais quand le roi se leva le lendemain bien après midi, l'humeur massacrante était de retour et vira à la fureur dès qu'il eut avalé son déjeuner.

« Ah là là ! Qu'est ce que je m'emmerde ! » hurla-t-il après un puissant bâillement.

Et de la reine jusqu'au dernier des favoris, tous étaient désemparés devant l'humeur royale. Le roi en avait soupé, des conseils de ses vieux ministres à la barbiche blanche comme des bouffonneries de ses nains obèses ; il ne trouvait plus aucune saveur ces derniers temps ni aux funambules, ni aux échassiers, ni aux jongleurs, avaleurs de sabres ou cracheurs de feu, ni à aucun des autres baladins qui tentaient de le distraire par leurs tours merveilleux. Il était sujet à de fréquents accès de colère ; et dès qu'il était en colère il mettait la main à l'épée et rôdait, à l'affût de la moindre faute, pour y trouver prétexte à massacrer quelques-uns de ses gens.

偷空在宫外闲游的两个小宦官[1]，刚刚回来，一看见宫里面大家的愁苦的情形，便知道又是照例的祸事临头了，一个吓得面如土色；一个却像是大有把握一般，不慌不忙[2]，跑到国王的面前，俯伏着，说道：

"奴才刚才访得一个异人，很有异术，可以给大王解闷，因此特来奏闻。"

"什么？！"王说。他的话是一向很短的。

"那是一个黑瘦的，乞丐似的男子。穿一身青衣，背着一个圆圆的青包裹；嘴里唱着胡诌[3]的歌。人问他。他说善于玩把戏，空前绝后，举世无双，人们从来就没有看见过；一见之后，便即解烦释闷，天下太平。但大家要他玩，他却又不肯。说是第一须有一条金龙，第二须有一个金鼎[4]。……"

"金龙？我是的。金鼎？我有。"

"奴才也正是这样想。……"

"传进来！"

1 宦官 *huànguān* : désigne les eunuques du palais, à ne pas confondre avec 官宦 (mêmes caractères dans l'ordre inverse) qui désigne les mandarins (fonctionnaires) en général.
2 不慌不忙 *bùhuāng bùmáng* : *chengyu.* Sans hâte ni confusion.
3 诌 (謅) *zhōu* : raconter n'importe quoi, le plus fréquemment employé dans 胡诌 *húzhōu.*
4 Les 鼎 *dǐng* sont les chaudrons tripodes caractéristiques de la civilisation chinoise ancienne, symboles du pouvoir impérial dès la dynastie des Xia. Selon la légende, Yu le Grand, fondateur de la dynastie (vers 2200 avant notre ère), fit fondre neuf chaudrons de bronze géants, un par province, portant la représentation de la province, et les installa en rang devant son palais.

Deux jeunes eunuques qui étaient sortis en douce du palais pour tirer au flanc le temps d'une petite promenade venaient juste de rentrer et, au vu des mines soucieuses qu'arborait toute la maison royale, ils comprirent qu'une de ces catastrophes rituelles était imminente. Sous l'effet de la peur, le visage du premier vira couleur terre ; l'autre, gardant pleine possession de lui-même, trottina jusqu'au roi et se prosterna en disant :

« L'esclave que je suis vient rendre compte qu'il a tout juste rencontré un homme doué de talents extraordinaires propres à divertir le grand roi.

— Hein ? dit le roi, qui avait toujours été d'un grand laconisme.

— C'est un homme noir et maigre à l'allure d'un mendiant. Il est vêtu tout de bleu, porte un baluchon bleu tout rond dans le dos et il erre dans les rues en bramant des chansons sans queue ni tête. Je l'ai interrogé : il a prétendu maîtriser des tours inconnus et sans pareils, des tours dont personne dans ces contrées n'a jamais été témoin, qui ont la vertu non seulement de dissiper la colère et l'ennui, mais aussi de pouvoir instaurer la Grande Paix dans le royaume. Toute la ville le supplie de se montrer en spectacle, mais il s'y refuse obstinément. Il affirme que son numéro exige de disposer d'un dragon et d'un chaudron en or...

— Un dragon d'or ? C'est moi, dit le roi. Un chaudron en or ? Je n'ai que ça.

— C'est bien ce que Votre esclave se disait...

— Faites-le venir ! »

话声未绝，四个武士[1]便跟着那小宦官疾趋而出。上自王后，下至弄臣，个个喜形于色[2]。他们都愿意这把戏玩得解愁释闷，天下太平；即使玩不成，这回也有了那乞丐似的黑瘦男子来受祸，他们只要能挨到传了进来的时候就好了。

并不要许多工夫，就望见六个人向金阶趋进。先头是宦官，后面是四个武士，中间夹着一个黑色人。待到近来时，那人的衣服却是青的，须眉头发都黑；瘦得颧骨，眼圈骨，眉棱骨都高高地突出来。他恭敬地跪着俯伏下去时，果然看见背上有一个圆圆的小包袱，青色布，上面还画上一些暗红色的花纹。

"奏来！"王暴躁地说。他见他家伙简单，以为他未必会玩什么好把戏。

"臣名叫宴之敖者[3]；生长汶汶乡[1]。（…）

1 武士 *wǔshì* : ce terme qui désigne les gardes du palais est aussi celui communément utilisé pour les samouraïs japonais (d'où le terme de 武士道 *wǔshìdào* ou *bushido* : la voie du guerrier).
2 喜形于色 (喜形於色) *xǐxíng yúsè* : *chengyu*. Rayonner de joie, laisser percer sa satisfaction.
3 宴之敖 *Yànzhī'áo,* qu'on pourrait grossièrement traduire par *le Cri du banquet,* était un autre pseudonyme que Lu Xun (nom de plume de 周树人 *Zhōu Shùrén*) avait inventé en 1919, après un séjour pékinois au domicile de son frère Zhou Zuoren, dont l'épouse japonaise s'entendait très mal avec Lu Xun. Ce dernier forma alors son pseudonyme, expliquant plus tard que 宴 était formé des caractères 宀 (clé de la maison), 日 *jour* ou Japon, et 女 *femme* ; 敖 rappelle (plus ou moins) les caractères 出 *sortir* et 放 *chasser*. Le nom signifiait donc qu'il avait été chassé par une Japonaise... Le choix de ce nom pour le justicier de ce récit

Les échos de son ordre n'étaient pas encore dissipés que quatre gardes d'élite furent dépêchés sans délai sur les talons du jeune eunuque. De la reine jusqu'au dernier des favoris, tous retrouvèrent des couleurs et le sourire. Ils espéraient que ce numéro de magie chasse l'ennui royal et – en prime – amène la paix. Et si ça ne marchait pas, eh bien, cette fois seul cet homme noir à l'allure de mendiant serait à blâmer et en subirait les fâcheuses conséquences. Il ne leur restait plus qu'à faire profil bas jusqu'à ce que les gardes ramènent l'homme.

Il ne leur fallut d'ailleurs que quelques instants avant d'apercevoir six personnes s'approcher en hâte de la salle du trône. L'eunuque ouvrait la voie, suivi des quatre gardes entourant un homme noir. Quand la petite troupe entra, ils virent que les habits de l'homme étaient bien bleus et sa barbe, ses sourcils et ses cheveux d'un noir de jais. Son visage émacié laissait saillir pommettes, orbites et arcades sourcilières. Et quand il s'agenouilla et se prosterna respectueusement, tous virent qu'il avait en effet sur le dos un paquet rond d'étoffe bleue décorée de motifs rouge sombre.

« Parle ! dit le roi d'un ton furieux. Il commençait à douter qu'un tel pégreleu soit réellement capable d'exécuter les tours dont il se vantait.

— Votre sujet a pour nom Yan Zhi Ao Zhe et est originaire du canton de Wen-Wen. (…)

---

signifie-t-il que Lu Xun se sentait lui aussi des velléités vengeresses ?

1 Il existe dans le Shandong une rivière 汶 *Wén*. Mais 汶汶 prononcé *ménmén*, signifie aussi *disgracier, déshonorer* ou encore *sombre, peu clair*. Subtil choix de caractères !

（…）少无职业；晚遇明师，教臣把戏，是一个孩子的头。这把戏一个人玩不起来，必须在金龙之前，摆一个金鼎，注满清水，用兽炭[1]煎熬。于是放下孩子的头去，一到水沸，这头便随波上下，跳舞百端，且发妙音，欢喜歌唱。这歌舞为一人所见，便解愁释闷，为万民所见，便天下太平。"

"玩来！"王大声命令说。

并不要许多工夫，一个煮牛的大金鼎便摆在殿外，注满水，下面堆了兽炭，点起火来。那黑色人站在旁边，见炭火一红，便解下包袱，打开，两手捧出孩子的头来，高高举起。那头是秀眉长眼，皓齿红唇；脸带笑容；头发蓬松，正如青烟一阵。黑色人捧着向四面转了一圈，便伸手擎到鼎上，动着嘴唇说了几句不知什么话，随即将手一松，只听得扑通一声，坠入水中去了。水花同时溅起，足有五尺多高，此后是一切平静。

---

1 兽炭 *shòutàn*, désignait en médecine chinoise, un combustible obtenu en ébouillantant puis en séchant au feu de la chair de porc coupée en lamelles. Le terme pouvait aussi désigner du charbon de bois sculpté en forme d'animal, ce qui est probablement le cas ici.

(…) J'ai grandi sans profession avant de rencontrer un maître d'un vaste savoir qui m'a enseigné la magie. Mon tour le plus prodigieux a pour accessoire la tête d'un jeune garçon, mais je ne peux l'accomplir sans aide. Il me faut disposer d'un chaudron en or placé devant un dragon d'or, rempli d'eau pure chauffée sur un feu de charbon de chair d'animal. Alors seulement je jetterai la tête dans le chaudron, et dès que l'eau sera ramenée à ébullition elle se mettra à monter et descendre, à danser sur les remous et même à chanter des airs joyeux. Tous ceux qui auront été témoins de ce spectacle verront leurs soucis s'envoler, et si le peuple peut y assister, alors c'est la paix assurée !

— Commence ! » ordonna le roi à haute voix.

Un grand chaudron tripode en or, servant d'ordinaire à cuire un bœuf tout entier, fut promptement amené devant l'estrade et rempli d'eau. On empila dessous le charbon de chair puis le feu y fut mis. L'homme noir se tenait à côté du chaudron ; quand le charbon eut viré au rouge, il défit son baluchon et leva à deux mains, bien haut au-dessus de son front, la tête d'un jeune garçon : sourcils fournis, yeux en amande, lèvres incarnates ouvrant sur des dents très blanches, surmontée d'une longue chevelure en désordre. Le magicien exhiba la tête à l'assemblée puis la porta à la verticale du chaudron et, après avoir marmonné quelques incantations inintelligibles, écarta les mains. La tête tomba dans l'eau avec un grand *plouf !* et sombra rapidement. Des fleurs d'écume bouillonnante jaillirent jusqu'à cinq pieds de haut puis le calme revint.

许多工夫，还无动静。国王首先暴躁起来，接着是王后和妃子，大臣，宦官们也都有些焦急，矮胖的侏儒们则已经开始冷笑了。王一见他们的冷笑，便觉自己受愚，回顾武士，想命令他们就将那欺君的莠民[1]掷入牛鼎里去煮杀。

但同时就听得水沸声；炭火也正旺，映着那黑色人变成红黑，如铁的烧到微红。王刚又回过脸来，他也已经伸起两手向天，眼光向着无物，舞蹈着，忽地发出尖利的声音唱起歌来：

哈哈爱兮爱乎爱乎！
爱兮血兮兮谁乎独无。
民萌冥行兮一夫壶卢。
彼用百头颅，千头颅兮用万头颅！
我用一头颅兮而无万夫。
爱一头颅兮血乎呜呼！
血乎呜呼兮呜呼阿呼，
阿呼呜呼兮呜呼呜呼！

1 莠民 *yǒumín* : synonyme de 坏人. 莠 est une plante, *setaria palmifolia* ou *sétaire à feuilles de palmiers*, considérée comme invasive. Son nom courant en Chine est 狗尾草 « l'herbe-queue-de-chien. »

Pendant un long moment, on ne perçut pas même un frémissement. Le roi fut le premier à s'impatienter, suivi de la reine et des concubines, tandis que les grands ministres et les eunuques donnaient quelques signes d'affolement et que même les bouffons obèses commençaient à ricaner dans leur coin. Ces sarcasmes furent la goutte de trop pour le souverain qui eut le sentiment de s'être fait berner et se tourna vers ses gardes pour leur ordonner d'aller se saisir de cette vermine coupable de lèse-majesté et de la jeter dans le chaudron à bœufs.

Mais à ce moment le roi entendit l'eau bouillir. Le feu brûlait plus vif et illuminait la figure de l'homme noir qui prit la teinte du fer porté au rouge. Et lorsque le roi se retourna, l'homme leva les deux bras vers le plafond et se mit à danser sur place, le regard dans le vide, avant d'entonner d'une voix stridente :

Ha-ha-amour, amour toujours !
Chacun aime le sang un jour.
Quand le peuple marche dans le noir,
L'homme seul est dans le brouillard.
Qui fait rouler cent, mille ou dix mille têtes,
Quand d'un seul crâne je me fais fête ?
Pour l'amour de cette tête je trépasse
Et le sang coule, hélas, hélas !
Aouh ! Hélas ! Hélas, hélas !

随着歌声，水就从鼎口涌起，上尖下广，像一座小山，但自水尖至鼎底，不住地回旋运动。那头即似水上上下下，转着圈子，一面又滴溜溜[1]自己翻筋斗[2]，人们还可以隐约看见他玩得高兴的笑容。

过了些时，突然变了逆水的游泳，打旋子夹着穿梭，激得水花向四面飞溅，满庭洒下一阵热雨来。一个侏儒忽然叫了一声，用手摸着自己的鼻子。他不幸被热水烫了一下，又不耐痛，终于免不得出声叫苦了。

黑色人的歌声才停，那头也就在水中央停住，面向王殿，颜色转成端庄。这样的有十余瞬息之久，才慢慢地上下抖动；从抖动加速而为起伏的游泳，但不很快，态度很雍容[3]。绕着水边一高一低地游了三匝，忽然睁大眼睛，漆黑的眼珠显得格外精采，同时也开口唱起歌来：

王泽流兮浩洋洋；
克服怨敌，怨敌克服兮，赫兮强！

1 滴溜溜 *dīliūliū* : tourner en rond.
2 筋斗 *jīndǒu* : galipette, culbute, saut périlleux. Synonyme de 跟头 *gēntou* (qui a aussi d'autres sens). Si ces deux termes sont précédés des verbes 栽 ou 摔, ils signifient plutôt *trébucher et tomber*.
3 雍容 *yōngróng* : distingué, gracieux.

L'eau réagissait au rythme de sa voix, s'élevait en petites montagnes au sommet pointu et à large base, qui s'écrasaient jusqu'au fond du chaudron pour former ensuite de rapides tourbillons. La tête suivait le mouvement, montant et descendant, tournant en cercles, effectuant de joyeuses galipettes ; l'assemblée pouvait distinguer sur ses lèvres l'esquisse d'un sourire ravi.

Au bout de quelque temps à ce jeu, la tête se mit d'un seul coup à nager à contre-courant, tout en tournant sur elle-même à vive allure et en projetant de l'eau bouillante dans toutes les directions, comme si une pluie ardente s'était brusquement abattue sur la salle du trône. L'un des nains poussa un cri en se frottant le nez. Il avait reçu de l'eau en plein visage et se mit bientôt à geindre de douleur.

Quand la voix du chanteur s'éteignit enfin, la tête arrêta également sa danse effrénée et sembla se dresser fièrement, tournée vers le trône, l'expression solennelle. Elle resta ainsi le temps d'une dizaine de battements de cils, puis se remit à osciller doucement de haut en bas, et ce mouvement s'accélérant, se transformant en tangage, elle reprit sa nage qui restait toutefois calme et digne. Trois tours d'affilée, elle longea le bord du chaudron à des immersions variables puis ouvrit brusquement grand les yeux. Ces deux perles noires brillaient d'un éclat hors du commun ; la tête commença alors, elle aussi, à chanter :

Il écrase l'ennemi de son prestige éclatant !
Du roi les vertus sont vastes comme l'océan ;

宇宙有穷止兮万寿无疆。
幸我来也兮青其光！
青其光兮永不相忘。
异处异处兮堂哉皇！
堂哉[1]皇哉兮嗳[2]嗳唷[3]，
嗟[4]来归来，嗟来陪来兮青其光！

头忽然升到水的尖端停住；翻了几个筋斗之后，上下升降起来，眼珠向着左右瞥视，十分秀媚，嘴里仍然唱着歌：

阿呼呜呼兮呜呼呜呼，
爱乎呜呼兮呜呼阿呼！
血一头颅兮爱乎呜呼。
我用一头颅兮而无万夫！
彼用百头颅，千头颅……

唱到这里，是沉下去的时候，但不再浮上来了；歌词也不能辨别。涌起的水，也随着歌声的微弱，渐渐低落，像退潮一般，终至到鼎口以下，在远处什么也看不见。

---

1 哉 *zāi*, particule finale du chinois classique, équivalente aux plus « modernes » 啊, 呢, 吗 ou 吧 selon le contexte.
2 嗳 *ǎi, ài, āi* interjection rare, exprimant la douleur, le désaccord ou la surprise, suivant le ton utilisé.
3 唷 *yō*, plus fréquente de nos jours, sens : surprise, interrogation.
4 嗟 *jiē* : interjection rare et ancienne, exprimant soupirs, regrets…

L'univers aura une fin dernière,
Mais le roi vivra pour l'Éternité.
Bienheureux ce jour où je baigne dans sa lumière,
La lumière bleue que jamais ne veux quitter.
Séparé, séparé de mon corps
J'ai été amené au palais,
En ce palais je reviendrai,
Vers sa splendeur je reviendrai encore !

Puis la tête se hissa tout au sommet de la montagne d'eau bouillante et se figea quelques instants avant de se lancer dans une série de galipettes et de montées et descentes. Son regard gracieux se posait d'un côté puis de l'autre de la salle, et sa bouche entonna derechef :

Aouh ! Hélas ! Hélas, hélas !
L'Amour ! Hélas ! Hélas, aouh !
J'aime cette tête sanglante,
Et d'une seule je me contente,
Là où dix mille hommes échouent !
De cent et mille têtes le roi se débarrasse...

Cette strophe terminée, la tête plongea encore une fois et ne remonta plus à la surface. La chanson continuait mais l'on n'en distinguait plus les paroles. Et comme en réaction à ce chant étouffé, les remous de l'eau en ébullition se calmèrent peu à peu et le niveau de l'eau, comme la marée qui se retire, redescendit en dessous du bord du chaudron doré. De loin, on ne voyait plus rien de ce qui se passait.

"怎了？"等了一会，王不耐烦地问。

"大王，"那黑色人半跪着说。"他正在鼎底里作最神奇的<u>团圆舞</u>[1]，不临近是看不见的。臣也没有法术使他上来，因为作团圆舞必须在鼎底里。"

王站起身，跨下金阶，冒着炎热立在鼎边，探头去看。只见水平如镜，那头仰面躺在水中间，两眼正看着他的脸。待到王的眼光射到他脸上时，他便<u>嫣然一笑</u>[2]。这一笑使王觉得似曾相识，却又一时记不起是谁来。刚在惊疑，黑色人已经掣出了背着的青色的剑，只一挥，闪电般从后项窝直劈下去，扑通一声，王的头就落在鼎里了。

仇人相见，本来格外眼明，况且是相逢狭路。王头刚到水面，眉间尺的头便迎上来，狠命在他耳轮上咬了一口。鼎水即刻沸涌，<u>澎湃</u>[3]有声；两头即在水中死战。

1 La seule référence trouvée pour une danse de ce nom est une danse de divertissement pratiquée sous la dynastie Tang, soit des siècles après l'époque du récit.
2 嫣然一笑 *yānrán yī xiào* : *chengyu.* Sourire avec grâce.
3 澎湃 *péngpài* : désigne le vacarme causé par le déferlement d'une vague géante, plus généralement les bruits importants .en rapport avec l'eau

« Et alors ? aboya le roi au bout d'un moment, n'y tenant plus.

— Votre Majesté, répondit l'homme noir en s'agenouillant, la tête est au fond du chaudron et exécute la plus sacrée, la plus mystérieuse des danses rituelles : la Danse de l'Union. Vous ne pourrez y assister qu'en vous rapprochant. Votre sujet n'a pas les talents magiques capables de la faire remonter, car cette danse doit se faire au fond de l'eau. »

Le roi se leva et descendit de son estrade. Bravant l'atroce chaleur, il s'approcha du chaudron et étira le cou au-dessus de la surface de l'eau calme et plane comme un miroir. Il vit la tête flottant entre deux eaux, immobile, tournée vers la surface, les deux yeux fixés sur sa propre figure. Quand leurs regards se croisèrent, la tête esquissa un sourire modeste et plein de grâce. Interdit, le roi crut reconnaître ce sourire, mais était bien en peine de savoir qui il lui évoquait. Déjà l'homme noir tirait l'épée bleue de derrière son épaule et en frappait d'un seul geste, rapide comme l'éclair, la nuque offerte. La tête royale tomba dans le chaudron avec un *plouf !* fort peu aristocratique.

Quand deux ennemis mortels se font face à face dans un espace étroit, il est évident que l'affrontement est inévitable. Dès que la tête tranchée du roi eut heurté la surface, celle de Mei Jianchi se rua vers le haut et lui mordit sauvagement l'oreille. L'eau du chaudron se remit à bouillonner furieusement dans un grand bruit de cataracte. Les deux têtes se colletaient dans un combat à mort.

约有二十回合[1]，王头受了五个伤，眉间尺的头上却有七处。王又狡猾，总是设法绕到他的敌人的后面去。眉间尺偶一疏忽，终于被他咬住了后项窝，无法转身。这一回王的头可是咬定不放了，他只是连连蚕食进去；连鼎外面也仿佛听到孩子的失声叫痛的声音。

上自王后，下至弄臣，骇得凝结着的神色也应声活动起来，似乎感到暗无天日的悲哀，皮肤上都一粒一粒地起粟；然而又夹着秘密的欢喜，瞪了眼，像是等候着什么似的。

黑色人也仿佛有些惊慌，但是面不改色。他从从容容地伸开那捏着看不见的青剑的臂膊，如一段枯枝；伸长颈子，如在细看鼎底。臂膊忽然一弯，青剑便蓦[2]地从他后面劈下，剑到头落，坠入鼎中，怦的一声，雪白的水花向着空中同时四射。

他的头一入水，即刻直奔王头，一口咬住了王的鼻子，几乎要咬下来。王忍不住叫一声"阿唷[3]"，将嘴一张，(…)

---

1 回合 *huíhé* : désigne un round, ou un échange en combat : attaque, parade, idem pour l'adversaire. Ce terme est très usité dans les romans classiques et d'arts martiaux : la longueur des combats individuels entre héros est fréquemment comptée en 回合.

2 蓦 *mò* : terme relativement rare pour exprimer la soudaineté, l'inattendu. Équivalent de 突然 徒然，忽然.

3 阿唷 *āyō* : interjection, exprimant la douleur physique ; équivalent presque exact des *Aïe ! Ouille !*. Plus fréquemment écrit 啊唷.

Après une vingtaine d'échanges, la tête du roi portait déjà cinq blessures mais celle de Jianchi avait été touchée en sept endroits. Le roi était un vieux renard et tentait systématiquement de passer sur les arrières de son ennemi. L'attention de Jianchi ayant fini par faiblir, le roi le saisit à la nuque entre ses mâchoires et il ne put plus s'en défaire. Son ennemi ne lâchait pas prise et le dévorait petit à petit en grignotant comme un ver à soie. De l'extérieur on percevait les cris de douleur et de désespoir du jeune garçon.

Cela déclencha enfin une réaction chez la reine comme chez le dernier des favoris ; tous quittèrent leur état de stupéfaction pétrifiée pour commencer à s'agiter, comme si une chape d'infinie noirceur leur était soudainement tombée dessus. La chair de poule les prit ; mais dans leurs yeux écarquillés brillait une lueur de joie secrète et se lisait une attente indéfinie.

L'homme noir donnait lui aussi des signes de fébrilité, même si rien ne se montrait sur son visage. Il leva posément ce bras qui tenait l'épée invisible et le tint au dessus de lui comme une branche morte. Il tendit le cou comme pour mieux voir ce qui se passait dans le chaudron. Puis il plia soudain le coude et l'épée s'abattit sur sa propre nuque, tranchant chairs et os, et sa tête bascula dans le chaudron en projetant avec bruit de l'écume blanche comme neige dans toutes les directions.

Dès que la tête toucha l'eau, elle se précipita vers celle du roi et lui arracha le nez d'un seul coup de dents, manquant l'avaler. Le roi ne put retenir un terrible cri de douleur et desserra les mâchoires. (…)

(…)眉间尺的头就乘机挣脱了，一转脸倒将王的下巴下死劲咬住。他们不但都不放，还用全力上下一撕，撕得王头再也合不上嘴。于是他们就如饿鸡啄米一般，一顿乱咬，咬得王头眼歪鼻塌，满脸鳞伤。先前还会在鼎里 面四处乱滚，后来只能躺着呻吟，到底是一声不响，只有出气，没有进气了。

黑色人和眉间尺的头也慢慢地住了嘴，离开王头，沿鼎壁游了一匝，看他可是装死还是真死。

待到知道了王头确已断气，便四目相视，微微一笑，随即合上眼睛，仰面向天，沉到水底里去了。

(…) Jianchi en profita pour se défaire de leur étau et se retourna pour mordre le roi à la gorge, juste sous le menton, avec l'énergie du désespoir. Les deux alliés s'acharnaient, mordant, tirant, déchirant de toutes leurs forces, l'un vers le haut, l'autre vers le bas, à tel point que le roi n'arrivait même plus à fermer la bouche. Puis ils passèrent au reste de la figure, comme des poules affamées picorant le grain avec férocité ; un œil pendait hors de son orbite, le nez était écrasé, le visage couvert de plaies. Leur ennemi qui d'abord se débattait en tous sens gît bientôt en gémissant au fond du chaudron. Un grand silence se fit ; plus personne n'osait reprendre son souffle, on n'entendait plus que quelques exhalaisons.

Les têtes de l'homme en noir et de Mei Jianchi cessèrent progressivement leur horrible ouvrage et abandonnèrent la dépouille royale. Elles firent un tour victorieux dans le chaudron, en vérifiant toutefois que le roi était vraiment mort et ne simulait pas.

Quand elles se furent assurées qu'il avait bien rendu son dernier souffle, leurs yeux se croisèrent, un sourire fleurit sur leurs lèvres, puis elles abaissèrent les paupières et coulèrent jusqu'au fond, la figure tournée vers le ciel.

四

烟消火灭；水波不兴。特别的寂静倒使殿上殿下的人们警醒。他们中的一个首先叫了一声，大家也立刻迭连惊叫起来；一个迈开腿向金鼎走去，大家便争先恐后地拥上去了。有挤在后面的，只能从人脖子的空隙间向里面窥探。

热气还炙[1]得人脸上发烧。鼎里的水却一平如镜，上面浮着一层油，照出许多人脸孔：王后，王妃，武士，老臣，侏儒，太监[2]。……

"阿呀，天哪！咱们大王的头还在里面哪，唉唉唉！"第六个妃子忽然发狂似的哭嚷起来。

上自王后，下至弄臣，也都恍然大悟，仓皇散开，急得手足无措，各自转了四五个圈子。

---

1 炙 *zhì* : brûlant ; rôtir, viande rôtie.
2 太监 *tàijiàn* : autre terme pour désigner les eunuques de court. Si ce mot est en général utilisé de façon interchangeable avec 宦官 (voir note 1 page 52), les deux termes ont à l'origine une signification différente. Les 宦官 sont apparus sous les Royaumes Combattants, et à partir de la dynastie Han étaient tous des eunuques. 监 ou 太监 désignaient depuis les Tang divers rangs de la hiérarchie mandarinale provinciale, et ce n'est qu'à partir des Ming que le terme fut employé pour les eunuques les plus haut gradés, chargés d'encadrer les autres.

Quatre

E FEU S'ÉTEIGNIT et la fumée se dissipa. La surface de l'eau se lissa enfin. Le calme qui suivit n'avait rien de naturel et aiguillonna les spectateurs d'un mur à l'autre de la salle du trône. Le premier cri que poussa l'un deux fut vite suivi de multiples clameurs. Un autre audacieux fit un pas vers le chaudron doré, et l'instant d'après tous se pressaient à qui mieux mieux pour y accéder. Les malchanceux qui n'avaient pu se faufiler durent se contenter de jeter un coup d'œil entre les nuques des plus rapides.

La chaleur était encore telle qu'elle leur brûlait le visage. L'eau du chaudron était plane comme un miroir et il y flottait une couche de gras fondu qui reflétait leurs traits : ceux de la reine, ceux des concubines, des gardes, des vieux ministres, des nains et des eunuques...

« Hélas ! Juste Ciel ! Où est donc la tête de Sa Majesté ? Malheur de malheur ! »

C'était la sixième concubine qui partit soudain en hurlements hystériques et en pleurs déchirants.

Et de la reine jusqu'au dernier des favoris, tous de reprendre subitement conscience et de s'égayer, affolés, fébriles, désemparés, faisant le tour de la pièce jusqu'à quatre ou cinq fois.

一个最有谋略的老臣独又上前，伸手向鼎边一摸，然而浑身一抖，立刻缩了回来，伸出两个指头，放在口边吹个不住。

大家定了定神，便在殿门外商议打捞办法。约略费去了煮熟三锅小米的工夫，总算得到一种结果，是：到大厨房去调集了铁丝勺子，命武士协力捞起来。

器具不久就调集了，铁丝勺，漏勺，金盘，擦桌布，都放在鼎旁边。武士们便揎[1]起衣袖，有用铁丝勺的，有用漏勺的，一齐恭行打捞。有勺子相触的声音，有勺子刮着金鼎的声音；水是随着勺子的搅动而旋绕着。好一会，一个武士的脸色忽而很端庄了，极小心地两手慢慢举起了勺子，水滴从勺孔中珠子一般漏下，勺里面便显出雪白的头骨来。大家惊叫了一声；他便将头骨倒在金盘里。

"阿呀！我的大王呀！"王后，妃子，老臣，以至太监之类，都放声哭起来。

---

1 揎 *xuān* : retrousser les manches de l'habit ou du pantalon. Ce terme est rare, les verbes 撩 *liāo,* 捋 *luō* (celui-ci ayant un second sens si prononcé *lǔ* : 捋胡子 *lisser sa barbe,* geste caractéristique du mandarin en pleine séance de réflexion) ou tout simplement 卷 *juǎn* sont beaucoup plus fréquemment employés : 卷起袖子, *retrousser ses manches.*

L'un des vieux conseillers les plus habiles en stratagèmes s'avança seul, tendit la main pour effleurer le bord du chaudron et la retira précipitamment, tremblant de tout son corps. Il mit deux doigts devant sa bouche et souffla dessus sans discontinuer.

Puis tous se calmèrent peu ou prou et se rassemblèrent à la porte de la salle pour discuter des moyens de repêchage envisageables. Les arguments fusèrent de part et d'autre pendant le temps de cuire trois marmites de millet, pour finalement arriver à la décision suivante : on enverrait chercher de grands couverts en fer aux cuisines du palais et on ordonnerait aux gardes de procéder à l'opération.

Les ustensiles furent apportés illico. Passoires en fil de fer, écumoires, bassines en or et serpillères furent disposées autour du chaudron. Les gardes désignés retroussèrent leurs manches et se plièrent à leur mission avec le plus grand zèle, qui s'escrimant avec une louche, qui maniant les écumoires. De temps à autre retentissait le tintement des instruments qui se heurtaient, couvrant le crissement du métal contre les parois du chaudron. L'eau ainsi brassée forma bientôt un tourbillon. Ces efforts durèrent un bon moment avant que l'un des gardes, le visage empreint d'une solennelle gravité, relève avec précaution sa passoire dont l'eau perlait goutte à goutte : sur l'instrument trônait un crâne tout blanc. Chacun de s'exclamer en chœur ; le garde versa le crâne dans une bassine dorée.

« Malheur ! Notre roi ! »

La reine, les concubines, les ministres cacochymes et même les eunuques partirent en bruyants sanglots. (…)

(⋯)但不久就陆续停止了，因为武士又捞起了一个同样的头骨。

他们泪眼模胡地四顾，只见武士们满脸油汗，还在打捞。此后捞出来的是<u>一团糟</u>[1]的白头发和黑头发；还有几勺很短的东西，随乎是白胡须和黑胡须。此后又是一个头骨。此后是三枝<u>簪</u>[2]。

直到鼎里面只剩下清汤，才始住手；将捞出的物件分盛了三金盘：一盘头骨，一盘须发，一盘簪。

"咱们大王只有一个头。那一个是咱们大王的呢？"第九个妃子焦急地问。

"是呵⋯⋯。"老臣们都面面相觑。

"如果皮肉没有煮烂，那就容易辨别了。"一个侏儒跪着说。

大家只得平心静气，去细看那头骨，但是黑白大小，都差不多，连那孩子的头，也无从分辨。王后说王的右额上有一个疤，是做太子时候跌伤的，怕骨上也有痕迹。果然，侏儒在一个头骨上发见了：(⋯)

1 一团糟（一團糟）*yī tuán zāo* est une expression figée, désignant une chose ou une situation très en désordre ou embrouillée.
2 簪 *zān* : épingle à cheveux ornementale. Le terme moderne pour une épingle à cheveux simple ou une barrette est 发夹 *fǎjiá*.

(…) Mais ils fermèrent leur clapet en rapide succession quand un second garde sortit un autre crâne d'apparence identique au précédent.

De leurs yeux pleins de larmes ils jetaient des regards à la ronde tandis que les gardes, le visage emperlé de sueur, continuaient leur chalutage. La prise suivante fut une masse informe de cheveux noirs et de cheveux blancs, puis vinrent plusieurs passoires pleines de ce qui semblait être des poils de barbe noirs et blancs. Et encore un crâne ; enfin, trois épingles à cheveux.

Quand le liquide dans le chaudron ne fut plus qu'un bouillon clair, les gardes relâchèrent leur effort. Leurs prises se répartissaient en trois bassines : l'une pleine de crânes, l'autre de poils et de cheveux, la dernière où gisaient les épingles.

« Notre grand roi n'avait qu'une seule tête. Laquelle de celles-ci est-elle donc ? interrogea anxieusement la neuvième concubine.

— Bonne question... susurrèrent les ministres très antiques en échangeant des regards perplexes.

— Si la peau et les chairs n'avaient pas disparu à la cuisson, nous les distinguerions facilement », dit l'un des nains en s'agenouillant.

Et tous, avec le plus grand sang-froid, d'examiner chacun des crânes minutieusement. Mais rien, ni leur couleur, ni leur taille, ne les différenciait assez ; même celui du jeune garçon n'était pas identifiable. La reine se rappela que le roi avait une cicatrice sur la tempe droite : quand il n'était encore que prince il était tombé et s'était blessé. Son crâne devait en porter la trace. Et en effet, l'un des nains découvrit une marque sur l'un des crânes. (…)

(⋯)大家正在欢喜的时候，另外的一个侏儒却又在较黄的头骨的右额上看出相仿的瘢痕来。

"我有法子[1]。"第三个王妃得意地说，"咱们大王的龙准[2]是很高的。"

太监们即刻动手研究鼻准骨，有一个确也似乎比较地高，但究竟相差无几；最可惜的是右额上却并无跌伤的瘢痕。

"况且，"老臣们向太监说，"大王的后枕骨是这么尖的么？"

"奴才们向来就没有留心看过大王的后枕骨⋯⋯。"

王后和妃子们也各自回想起来，有的说是尖的，有的说是平的。叫梳头太监来问的时候，却一句话也不说。

当夜便开了一个王公大臣会议，想决定那一个是王的头，但结果还同白天一样。并且连须发也发生了问题。白的自然是王的，然而因为花白，所以黑的也很难处置。(⋯)

---

1 法子 *fǎzi* : moyen, méthode. 没有法子 : il n'y a pas moyen de… Le terme est synonyme de 方法 et 办法, mais de niveau de langage un peu moins élevé. Il peut signifier dans un tout autre contexte *adepte du bouddhisme.*

2 龙准 (龍準) *lóng zhǔn* : terme honorifique pour désigner le nez du roi ou de l'empereur (désignait auparavant l'empereur lui-même). 龙 *dragon,* est l'animal impérial ; 准 est synonyme de 鼻子.

(…) Tout le monde se réjouit jusqu'à ce qu'un autre nain discerne une autre cicatrice sur la tempe droite de l'une des deux autres dépouilles, celle qui présentait la teinte la plus jaunâtre.

« J'ai une idée ! s'exclama la troisième concubine, triomphale. Le nez de notre grand roi était noblement proéminent. »

Les eunuques s'empressèrent d'inspecter l'arête nasale des trois crânes. L'une d'entre elles était assez haute, mais pas tellement plus que les autres. Et sur la tempe droite de celui-là, il n'y avait malencontreusement aucune cicatrice...

« Et puis, demandèrent les ministres aux eunuques, l'arrière de l'os occipital du roi était-il aussi pointu que ça ?

— Vos humbles esclaves n'ont jamais prêté suffisamment d'attention à la forme du crâne royal... »

La reine et les concubines se mirent alors à rassembler leurs souvenirs ; les unes déclarèrent que le roi avait l'arrière du crâne pointu, les autres qu'il l'avait plat. On convoqua l'eunuque chargé de coiffer l'auguste tête ; même lui resta muet sur la question.

Le soir venu, princes et ministres s'assemblèrent en grand conseil pour décider enfin laquelle de ces têtes était celle du roi, mais le résultat ne fut guère plus probant que celui des délibérations de la journée. Et un autre problème, capillaire cette fois, surgit. Il ne faisait aucun doute que les cheveux et les poils blancs appartenaient bien au roi, mais comme il était poivre et sel, l'attribution des cheveux et des poils noirs était un véritable casse-tête. (…)

（…）讨论了小半夜，只将几根红色的胡子选出；接着因为第九个王妃抗议，说她确曾看见王有几根通黄的胡子，现在怎么能知道决没有一根红的呢。于是也只好重行归并，作为疑案了。

到后半夜，还是毫无结果。大家却居然一面打呵欠，一面继续讨论，直到第二次鸡鸣，这才决定了一个最慎重妥善的办法，是：只能将三个头骨都和王的身体放在金棺里落葬[1]。

七天之后是落葬的日期，合城很热闹。城里的人民，远处的人民，都奔来瞻仰国王的"大出丧"[2]。天一亮，道上已经挤满了男男女女；中间还夹着许多祭桌。待 到上午，清道的骑士才缓辔而来。又过了不少工夫，才看见仪仗，什么旌旗，木棍，戈戟，弓弩，黄钺之类；此后是四辆鼓吹车。（…）

1 葬 (葬) *zàng* : ce terme peut désigner un simple enterrement, mais aussi d'autres formes d'obsèques : crémation sur le bûcher, funérailles maritimes…

2 La raison pour laquelle l'auteur a choisi de mettre ce terme entre guillemets est incertaine, car il existe bel et bien et son sens n'est ni obscur ni inadapté à la situation présente ; il s'agit simplement d'une grande cérémonie de funérailles.

(...) Les débats s'étaient déjà prolongés jusqu'au cœur de la nuit et seuls quelques poils roux avaient été éliminés quand la neuvième concubine s'opposa à cette décision avec véhémence : elle avait repéré par le passé plusieurs poils jaunes dans la barbe royale. Comment pouvait-on maintenant affirmer avec certitude qu'elle ne comportait pas un seul poil roux ? Les poils roux rejoignirent donc les autres, et leur sort fut remis dans la balance.

La nuit s'éternisait sans porter aucun conseil. Tous continuaient à discuter en baillant à s'en décrocher la mâchoire, jusqu'à ce qu'enfin, au second chant du coq, une solution prudente fût enfin dégagée, la plus satisfaisante : les trois têtes seraient inhumées ensemble, avec le reste du cadavre du roi, dans son cercueil en or.

Sept jours plus tard eut lieu la cérémonie des obsèques. Toute la ville était en émoi. De près comme de loin, de la ville et des campagnes, tous étaient accourus pour se faire les respectueux témoins de la procession funèbre.

Dès le point du jour, les rues grouillaient d'hommes et de femmes qui se pressaient autour des autels sacrificiels. Mais ils durent attendre que la matinée fût bien entamée pour voir surgir les hérauts à cheval qui s'avançaient, rênes courtes, pour dégager le chemin.

Plus tard encore vinrent les porteurs d'enseignes et d'étendards, les soldats armés de gourdins et de hallebardes, les arbalétriers et les gardes royaux aux grandes haches d'apparat dorées. Quatre voitures chargées de joueurs de tambours et d'instruments à vent les suivaient. (...)

(⋯)再后面是黄盖随着路的不平而起伏着，并且渐渐近来了，于是现出灵车[1]，上载金棺，棺里面藏着三个头和一个身体。

百姓都跪下去，祭桌便一列一列地在人丛中出现。几个义民很忠愤，咽着泪，怕那两个大逆不道的逆贼的魂灵，此时也和王一同享受祭礼，然而也无法可施。此后是王后和许多王妃的车。百姓看她们，她们也看百姓，但哭着。此后是大臣，太监，侏儒等辈，都装着哀戚的颜色。只是百姓已经不看他们，连行列也挤得乱七八糟[2]，不成样子了。

一九二六年十月作。

---

1 灵车 (靈車) *líng chē* : le « char de l'âme » est la voiture transportant le cercueil, ou l'urne funéraire en cas de crémation.

2 乱七八糟 (亂七八糟) *luàn qī bā zāo* : est-il vraiment nécessaire de rappeler le sens de ce *chengyu* qui est parmi les dix ou vingt plus fréquents de toute la langue chinoise ? Profitons-en donc pour présenter l'un de ses synonymes moins connu et presque identique : 乌七八糟 (烏七八糟) *wū qī bā zāo.*

(…) Puis le carrosse au dais jaune du roi s'avança lentement en cahotant au gré des creux et bosses de la route, et enfin apparut le char funèbre qui portait le cercueil doré, cercueil où reposaient trois têtes et un seul corps.

La foule s'agenouilla, révélant une à une les tables chargées d'offrandes. Quelques-uns des sujets les plus loyaux s'indignaient, ravalant leurs larmes, de ce que les âmes de deux régicides coupables du plus horrible des actes de haute trahison fussent en ce jour honorées au même titre que celle du souverain ; mais ils ne pouvaient rien y faire.

Se présentèrent alors les carrosses portant la reine et pléthore de concubines. Les multitudes les contemplaient et en retour elles contemplaient la foule en pleurant. Ministres, eunuques et nains fermaient la procession, affectant tous mines affligées de circonstance. Mais la populace ne leur prêtait plus aucune attention et la belle ordonnance des carrosses se défit ; bientôt la pagaïe s'était installée et le cortège ne ressemblait plus à rien.

Octobre 1926